MONTRETOUT

19 JANVIER 1871

IMPRIMERIE D. BARDIN, A SAINT-GERMAIN.

PAUL MAHALIN

MONTRETOUT

19 JANVIER 1871

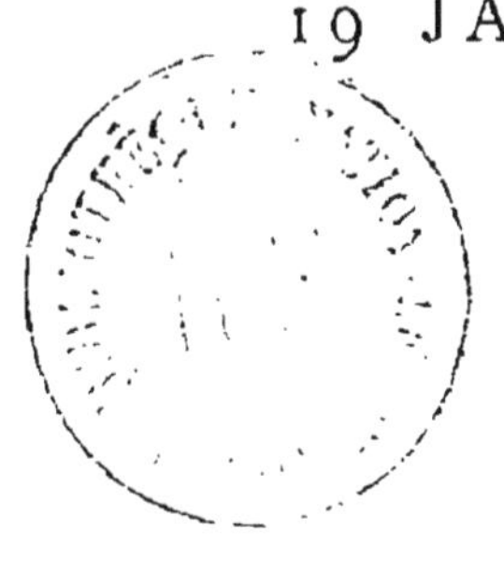

PARIS
GEORGES DECAUX, ÉDITEUR
7, RUE DU CROISSANT, 7

C'était le 18 septembre 1870. Un rayon de soleil endimanchait l'automne. Paris, complétement investi depuis la veille, était plein de bruits et de mouvements de guerre : des tambours battaient, des clairons sonnaient, des canons roulaient, — et, à travers les rues, par les quais, sur les boulevards, les bataillons qui s'en allaient prendre position aux remparts ondulaient — comme des tronçons d'hydre — en hérissements, en flamboiements de baïonnettes.

Le général baron Ambert, commandant du 5e secteur, passait en revue, — sur l'avenue de Villiers, —ce que le corps, à peine organisé, des tirailleurs des Ternes comptait, d'ores et déjà, d'hommes équipés et armés.

Vous en souvenez-vous, camarades?

Nous étions là deux ou trois cents qui ne demandions qu'à marcher. Tous alertes, dispos, résolus. Tous fiers des mâles sévérités de notre pittoresque uniforme : vareuse de laine noire, ceinture brune, guêtres fauves à cinq boucles, large pantalon de drap gris-bleu et chapeau tyrolien de feutre mou, avec cocarde tricolore et bouquet de feuilles de houx, — ces feuilles dentelées de griffes qui, comme le chardon lorrain, rappellent la vieille devise : *Non inultus premor*,— *Qui s'y frotte s'y pique !*

On avait ouvert les rangs...

Le général, — j'aurai toujours présents à la mémoire sa physionomie fine et sympathique, son regard clair et ferme, son air affable et doux, ses façons de gentleman, sa barbiche grisonnante, les étoiles mêlées aux galons sur les manches de sa tunique et la guirlande de feuilles de chêne brodée en or autour de son képi, — le général, dis-je, s'arrêtait devant chaque volontaire et l'interrogeait avec bienveillance sur ses précédents militaires...

Car les trois quarts des nôtres étaient d'anciens troupiers...

Arrivé en face de moi :

— Et vous, où avez-vous servi? me demanda-t-il.

— A la *Liberté*, général, au *Nain jaune*, d'Aurélien Scholl, à *Paris-Journal*, à l'*Eclipse*...

Le général me tendit la main avec une effusion cordiale :

— Un confrère! Touchez là! fit-il.

On sait que le baron Ambert est un écrivain distingué dont les ouvrages ne sont pas moins goûtés des *pékins* que des militaires et des gens du monde que des gens du métier.

Mon interlocuteur poursuivit en souriant :

— Célibataire, naturellement?

— Pardonnez-moi, mon général : marié et père de famille.

— Oh! oh! qu'avez-vous fait, alors, de votre femme et de vos enfants? Ils sont en province, je suppose...

— Les enfants sont ici, aux Ternes, chez

les grands-parents qui les gardent. La femme nous suivra partout. C'est une de nos ambulancières.

Le général fouettait sa botte avec son stick :

— C'est très-beau, reprit-il après une minute de réflexion. Mais j'aimerais autant vous voir dans la garde nationale. Un homme marié! un père de famille!... Comment diable avez-vous eu l'idée de vous improviser franc-tireur?

— Général, je suis Lorrain et Vosgien.

M. Ambert me salua.

— Je vous comprends, dit-il.

Et je l'entendis qui murmurait en continuant sa revue :

— La Lorraine !... Si le gouvernement avait eu dix mille partisans comme ceux-ci à jeter dans ses forêts, dans ses montagnes, jamais aucun Allemand n'aurait passé plus loin que les défilés des Vosges ou de l'Argonne!...

Malheureusement, il ne fallait déjà plus songer à battre l'estrade en Lorraine.

La retraite forcée de Mac-Mahon ayant

laissé les Vosges à découvert, le flot de l'invasion s'était rapidement avancé. Il menaçait de mordre les murailles de Paris. C'était ce cœur de la patrie qu'il s'agissait maintenant de défendre.

En ce temps-là, plusieurs citoyens recommandables du quartier des Ternes avaient imaginé de créer un corps franc destiné à opérer dans les environs de la capitale et à « éclairer les sorties » de la garnison de celle-ci. Un conseiller référendaire à la Cour des comptes, M. Haincque de Saint-Senoch; un architecte, M. Blondel; un capitaine de la garde nationale, M. Bex, avaient généreusement subvenu aux premiers frais d'équipement de ce corps dont le recrutement et l'organisation avaient été confiés à d'anciens officiers et sous-officiers de l'armée. M. le général Lebreton s'était empressé de faire mettre à la disposition de ces derniers deux cents carabines Minié, — modèle 1859, — avec sabres-baïonnettes et fourniments. Enfin le major désigné d'avance, M. de Vertus, avait, par une « proclamation » d'une brièveté éloquente, appelé à lui « tous ceux qui voulaient agir. »

Dès avant le 4 septembre, les cadres du bataillon des *Tirailleurs des Ternes* [1] étaient à peu près remplis.

Je m'y étais engagé le 26 août.

Je ne m'y trouvais point en mauvaise compagnie. Outre les braves gens qui en formaient le noyau et qui, ex-grognards pour la plupart, n'avaient pas hésité à reprendre « le collier de misère » pour venir en aide à la patrie en danger, on y coudoyait pêle-mêle des professeurs de droit romain, des élèves de l'École des beaux-arts, des gentilshommes, des négociants, des rentiers, des sculpteurs, des peintres [2] et des

1. Le bataillon avait pris le nom de l'endroit où il s'était formé. Plus tard, le bouquet qui ornait le chapeau de nos hommes les rendit populaires sous l'étiquette de : *Francs-Tireurs à la branche de houx.*

2. Léon Couturier, dessinateur de l'*Illustration*, aquafortiste distingué, artiste de grand talent et de grand avenir, — ses dernières toiles : *l'Embuscade, les Marins au Bourget* et *l'Affaire d'avant-postes*, ont été fort remarquées au Salon, — et Louis Tanzi, dont une aventure tragique (une tentative de suicide heureuse-

musiciens. On y rencontrait même un photographe et un huissier. Contraste *saisissant*, disait notre camarade Diaz, — le jeune maëstro de *la Coupe du roi de Thulé.*

Le 18 septembre, au soir, nous échangions nos premiers coups de feu avec les Allemands, aux abords de l'île du Moulin-Joli, entre Bois-Colombes et Bezons.

Le 22, l'intendant Dumoulin nous passait en revue sur le boulevard Péreire, — revue *d'effectif* [1] et *de détail*, je crois, — et nous annonçait, avec une bonhomie narquoise, que le citoyen Leflô, ministre de la guerre, nous faisait, à dater de ce jour, l'honneur de nous classer dans le 13e corps

ment avortée) a mis en lumière le mérite original et prime-sautier.

Le pianiste Perelli compta aux tirailleurs des Ternes avant de passer aux carabiniers parisiens. Appartinrent aussi au bataillon MM. Edgard de Saint-Senoch, de Laurès, de Fère, etc., etc. Enfin, le général Ambert, dont nous avons parlé tout à l'heure, dépossédé de son commandement, vint demander à prendre le mousquet parmi nous. Le mauvais état de sa santé l'empêcha seul de donner suite à son projet.

1. Voir la note I à la fin du volume.

de l'armée de Paris, avec les avantages inhérents au fantassin français : *prêt* modeste, — celui du soldat, — vivres de campagne, code militaire, et si, par hasard, nous bronchions légèrement sur la discipline, perspective de la prison du Cherche-Midi et du « conseil » qui siége en face.

A partir de ce moment jusqu'à la fin d'octobre, chaque matin, un détachement quittait le casernement [1] et poussait en avant, hors des lignes, jusqu'à ce qu'il eût découvert et inquiété l'ennemi ; le bataillon prenait part à tous les engagements qui avaient lieu dans la zone de commandement du général Ducrot, — et, à plusieurs reprises, celui-ci nous félicitait publiquement [2] de notre bonne tenue devant les forces, toujours supérieures, des Prussiens.

Le 1er novembre, nous étions dirigés sur Nanterre [3].

Nous y demeurions deux mois, cantonnés dans la boue et la neige.

1. Voir la note II.
2. Voir la note III.
3. Voir la note IV.

Nous faisions alors partie de la division Bellemare et de la brigade Colonieu.

Pas une journée ne s'écoulait sans que nous n'allassions harceler les Bavarois formidablement retranchés de l'autre côté de Rueil[1].

Le 27 décembre, on nous envoyait à Suresnes, — et Saint-Cloud devenait notre objectif.

Puis, arrivait l'affaire du 19 janvier.

C'est cette affaire que j'entreprends ici de raconter dans l'une de ses phases les moins connues.

Il semble, en effet, que le mur maudit de Buzenval ait confisqué la curiosité et accaparé l'admiration. Il semble que les morts illustres tombés au pied de cette barrière de granit, de fer et de flamme, aient fait oublier les héros obscurs, les martyrs ignorés qui ont succombé à l'attaque du parc Pozzo di Borgo, de la portion ouest de Saint-Cloud et de la redoute de Montretout.

1. Voir la note V.

Ceux-là étaient des nôtres.

Henri Regnault a vu la nation tout entière sangloter derrière son cercueil. Les gardes nationaux tués à ses côtés ont sur les crêtes de Garches une pyramide destinée à perpétuer leur mémoire. Coriolis, Rochebrune revivent dans les récits officiels ou légendaires...

Nos francs-tireurs n'ont pas même une tombe. On les a enfouis au hasard. Aucune pierre ne marque la place où ils dorment, depuis six ans, dans la satisfaction du devoir accompli, comme dans les plis d'un drapeau.

J'ai voulu élever un monument modeste à leur trépas silencieux. J'ai voulu combler une lacune et réparer une injustice. J'ai voulu léguer à l'Histoire un document qui lui permît de se montrer une pour tous.

Ce que mes camarades ont fait, vaillamment, simplement, sans arrière-pensée de croix ni de médailles, je le transcris fidèlement, familièrement, sans parti pris d'apologie comme sans intention de roman.

Les Tirailleurs des Ternes n'ont pas besoin que je leur dresse un piédestal ni que je leur tresse des couronnes. Leur piédestal, ce sont les cadavres des Prussiens que leurs balles ont abattus et ceux de leurs compagnons, frappés en face, à l'ennemi. Leurs lauriers, c'est la branche de houx, — noircie de poudre, —qu'ils conservent pieusement et que l'Allemand est sûr de revoir quelque jour, à travers la fumée des batailles, dans les plaines de Lorraine et d'Alsace et même par delà *le vieux père Rhin*, lorsque Dieu aura dit à la France : — *Il est temps !*

Juillet, octobre 1876.

MONTRETOUT

19 JANVIER 1871

I.

AVANT LE COMBAT.

On prit le café à cinq heures, — avec une larme de cognac, — une toute petite larme, — *la larme d'un gendre qui vient de perdre sa belle-mère*, comme disait un loustic de la section *hors rang*. Personne ne s'était couché. Toute la nuit, Suresnes, bondé de troupes, avait bourdonné comme un nid de guêpes.

Dix minutes plus tard, le bataillon se formait — en silence — devant le quartier de l'état-major.

Quand j'écris : *bataillon*, la plume me fourche. Nous avions quatre-vingt-dix hommes à la Fouilleuse avec le sous-lieutenant Fouillette et vingt-cinq à l'Usine à Gaz avec le lieutenant Hénault.

L'Usine à Gaz et la Fouilleuse étaient nos deux derniers postes du côté de la Nouvelle-Prusse. En ce temps-là, en effet, pour nous autres Parisiens, aux flancs desquels l'investissement avait bouclé un cilice de canons et de baïonnettes, la France, — à l'ouest, — finissait au mur crénelé de Buzenval et au pont ébréché de Saint-Cloud. Au delà, c'était l'Allemagne.

En outre, depuis plus de quatre mois que nous menions la vie d'aventures, — toujours dehors, — aux avancées, — dans le brouillard, la pluie, la neige et les balles, — la fatigue, le froid, l'insuffisance et la mauvaise qualité de la nourriture, l'apprentissage enfin du métier de soldat si rude pour quiconque, — comme moi, par exemple, — n'était jamais sorti du confort de *l'at home*, avaient dompté les santés les plus robustes ; et, bien que nos blessés et nos malades, dont toute cette misère, loin d'ébranler le moral, exaltait encore le patriotisme et la résolution, refusassent le plus souvent d'être évacués sur Paris et demandassent instamment à faire leur service, pour alléger les camarades, et à marcher avec ceux-ci, nous en comptions un certain nombre à l'infirmerie et dans les ambulances. Ajoutez nos pertes à l'ennemi ; ajoutez les permissionnaires, les plantons, la garde de police, les hommes punis pour fautes graves, — et vous comprendrez comment, sur un effectif réglementaire fixé, dans l'origine, à *six cent treize* volontaires, officiers compris, *trois cent cinquante* seulement purent être mis sous les armes, le 19 janvier, et participer à l'action.

Le major de Vertus commandait.

Il avait sous ses ordres :

Les capitaines Catalan, de Junnemann et Giraudier ;

Les lieutenants Gallon, Berthout et Giroux ;

Les sous-lieutenants de Curty, Audoyer et Billard.

Le lieutenant d'habillement Guillon se joignit à ces messieurs.

Les sacs avaient été laissés dans les cantonnements. Les tirailleurs portaient le manteau en sautoir. On leur avait prescrit de se munir de vivres. Il n'était donc plus question d'une embuscade, d'une patrouille ou d'une reconnaissance. Chacun, en s'alignant, sentait du coude son voisin et lui murmurait à l'oreille :

— Voilà le *coup de chien* arrivé !

La veille, la pièce suivante avait été lue dans les compagnies :

« Citoyens,

« L'ennemi tue nos femmes et nos enfants; il nous bombarde jour et nuit, il couvre d'obus nos hôpitaux. Un cri : Aux armes! est sorti de toutes les poitrines.

« Ceux d'entre nous qui peuvent donner leur vie sur le champ de bataille marcheront à l'ennemi : ceux qui restent, jaloux de se montrer dignes de l'héroïsme de leurs frères, accepteront au besoin les plus durs sacrifices comme un autre moyen de se dévouer pour la patrie.

« Souffrir et mourir, s'il le faut, mais vaincre !

« Vive la République !

« *Les membres du Gouvernement,*

« J. Favre, J. Ferry, J. Simon, E. Arago, E. Picard, Garnier-Pagès, Eugène Pelletan.

« *Les Ministres,*

« Général Le Flo, Dorian,
Magnin.

« *Les secrétaires du Gouvernement,*

« Hérold, Lavertujon,
Durier, Dréo. »

Ces phrases avaient exaspéré jusqu'à l'héroïsme le courage de nos francs-tireurs.

Le sanglier, — acculé — dans sa bauge, se décidait à foncer : peut-être allait-il faire sa trouée à travers les chasseurs et la meute décousus !...

Pourtant, si quelque chose était de nature à refroidir l'enthousiasme le plus ardent, c'était le temps qu'il faisait en cette nuit du 18 au 19 janvier.

Une bruine, coupée d'ondées, tombait. L'obscurité était profonde, glaciale, lugubre. Dans Suresnes, pas une lumière ne brillait derrière les volets clos des maisons abandonnées, — mornes, muettes et aveugles. La terre détrempée, couverte de flaques d'eau, mollissait sous les pas comme un tapis de pourriture.

Le commandant de Vertus fit un signe...

Le bataillon s'ébranla sans bruit...

Il longea la rue de Saint-Cloud, prit le chemin de la Tuilerie, laissa la route de la Fouilleuse à sa droite et s'engagea sur le boulevard de Versailles...

Devant lui se dressait une muraille de ténèbres qui semblait reculer à mesure qu'il avançait. Derrière, il y avait comme un fourmillement et un frémissement. On ne distinguait rien, mais on devinait une foule. C'était l'aile gauche de l'armée qui prenait ses positions.

M. le général Vinoy a commis une erreur qu'il importe de rectifier, quand, dans la partie de son livre[1] qui traite de la journée de Montretout, il cite les tirailleurs des Ternes comme l'un des corps composant la *réserve générale*. Les tirailleurs des Ternes formaient la tête de la colonne d'attaque. Ils précédaient M. de Lareinty, commandant des mobiles de la Loire-Inférieure, M. Plaine-Lépine, commandant des mobiles d'Ille-et-Vilaine, M. Viel, commandant du 135e de marche, et M. Mosneron-Dupin, colonel du 6e régiment de garde nationale mobilisée. Du reste, experts comme ils l'étaient

1. *Campagne de 1870-1871, — Siége de Paris, — opérations du 13e corps et de la troisième armée.* — 1 vol. in-8o, Paris, 1872, Henri Plon, éditeur.

du terrain[1] sur lequel on allait opérer, il est tout naturel qu'ils aient été chargés d'éclairer et d'engager le mouvement.

En attendant, on cheminait péniblement, n'apercevant pas le sol, glissant au milieu des mares, culbutant dans les trous et enfonçant jusqu'en haut des guêtres dans un véritable lac de fange. Sous le viaduc, un officier apostropha à voix basse un volontaire qui avait ôté ses chaussures :

— Ah çà ! êtes-vous fou, mon garçon ? Voulez-vous bien remettre vos souliers tout de suite !

— Dame ! mon lieutenant, ces sacrés *godillots* pesaient cinq cents dans cette marmelade. Je les ai fichus en l'air, quoi ! Ça me gênerait pour le bal.

Une heure plus tard, comme on venait de déloger à la baïonnette un poste de Poméraniens installé dans l'un des premiers bâtiments de Saint-Cloud, vous auriez entendu notre déchaussé crier à l'officier qui l'avait interpellé, — en lui montrant à ses pieds une superbe paire de pantoufles de velours amarante, brodées d'or et garnies de fourrures,

1. Voir la note VII.

qu'il avait dénichée je ne sais où, dans une chambre abandonnée par les *têtes carrées :*

— Hé! mon lieutenant, on peut maintenant pincer son entrechat sans danger d'attraper un rhume de cerveau!

II.

LE PARC POZZO DI BORGO.

Au point où le chemin haut perché — qui, de Courbevoie à Meudon, court le long des coteaux capitonnés de vigne que couronne le Mont-Valérien — descend brusquement dans Saint-Cloud et enjambe la voie ferrée sur un pont d'un seul jet, une maison — composée d'un unique rez-de-chaussée — s'accroupit contre le talus.

Cette maison — peinturlurée de ce rouge brun dont on badigeonnait jadis les *bois de justice* en province — a pour enseigne trois moineaux *de sable* sur champ d'ocre jaune. Les moineaux ont donné leur nom à la maison; celle-ci, à son tour, a donné le sien au pont qui l'avoisine : on dit *le Pont des Trois-Pierrots;* on vient se rafraîchir au cabaret des *Trois-Pierrots, — chez Thirel, marchand de vin traiteur.*

C'est de là que partit le premier coup de fusil de l'affaire du 19 janvier.

L'aube montait à l'horizon. A notre gauche, au pied du coteau, les berges de la Seine, et, de l'autre côté du fleuve, Boulogne, Auteuil, puis Paris tout entier disparaissaient sous un rideau de brume. A notre droite, un grand chalet se détachait sur le ciel pâle, ainsi qu'un découpage de carton. Les Prussiens y avaient mis le feu en l'évacuant, quelques heures auparavant. La flamme couvait à l'intérieur — et des bouffées d'une fumée âcre et grasse s'en échappaient par intervalles, avec des pétillements assourdis.

En face de nous, une autre fumée, — beaucoup plus considérable,— tantôt planait comme un nuage, tantôt tourbillonnait comme une trombe, assombrissant le jour naissant ou éclairant la nuit en fuite : c'était Saint-Cloud qui achevait de brûler.

Le coup de fusil dont il s'agit fut dirigé sur un chien.

Ce chien, de grande taille, de race montagnarde, — le poil blanc-roux, moucheté de noir, — nous était connu depuis longtemps. Son maître, — un « bon villageois » des environs, — l'avait dressé à nous éventer. C'était lui qui, toutes les nuits, signalait à l'ennemi l'approche de nos patrouilles.

Les fusées et les trois coups de canon tirés par le Mont-Valérien pour donner le signal de l'attaque, le firent débusquer d'un trou où on l'avait mis en vedette. Un de nos camarades lui dépêcha une balle. L'animal s'enfuit en hurlant. En le voyant filer, Auvigne, — le cuisinier du commandant, — eut cette exclamation de colère :

— Cré nom ! si on l'avait *boulé*, quel chevreuil pour la table des fins becs de l'état-major !

On aurait dit que ce coup de fusil allumait le bouquet d'un feu d'artifice. Une pétarade enragée éclata de toutes parts. On cria : — *En avant, la Branche de Houx !...*

Nous franchîmes au pas de course l'espace qui nous séparait des premières maisons de Saint-Cloud...

Le jardin et le potager de la propriété Pozzo di Borgo furent escamotés en un clin d'œil, tandis que le commandant Plaine-Lépine et le colonel Mosneron-Dupin, conduits par nos éclaireurs, occupaient les parcs de Béarn et Armengaud, et que M. de Lareinty, guidé par quelques-uns des nôtres, s'élançait dans la rue de la Guette...

Restait le parc Pozzo di Borgo...

La moitié du bataillon y pénétra...

Si j'écrivais ici un livre *de manœuvres*, j'aurais soin d'indiquer, — avec M. de Vertus, — qu'eu égard à la nature et à la disposition du terrain, ce mouvement ne pouvait s'exécuter que par une marche *de flanc* de chaque compagnie, qui se portait ensuite en avant, par un *à-droite*, et faisait place à la compagnie suivante...

Mais je ne suis qu'un pauvre hère de journaliste, improvisé sergent de francs-tireurs...

Et je tâche d'ébaucher un croquis à la plume, — comme mon ami Couturier, assis sur un tas de pierres, au milieu du feu, s'ingéniait à crayonner sur son album les éléments d'une grande toile que nous admirerons, quelque jour, au Salon...

Ah ! ce parc Pozzo di Borgo !...

L'été, c'est un paradis de verdure. Des centaines d'arbres séculaires, dont le feuillage forme parasol, jaillissent d'une immense pelouse, enrubannée de sentiers de poudre d'or. Çà et là, la pierre blanche d'une villa resplendit à travers les massifs. Un mur brodé de mousse encadre sur trois faces cette propriété princière; la quatrième, qui regarde Montretout, est fermée par une grille élégamment ouvragée. Pour peu que le soleil frappe là-dessus, entre là-dedans, se glisse là-dessous, c'est une vie, un épanouissement, une fête : l'idéal du paysage noble!

Oui; mais, le 19 janvier, l'hiver et les Prussiens gâtaient ce paysage!

Les arbres — noirs, mouillés, grelottants — tordaient leurs bras décharnés sous une rafale de balles...

Car Saint-Cloud tout entier nous envoyait du plomb...

Imaginez-vous tout un roulement de tonnerre. La fusillade se précipitait, si fournie, si furieuse, si incessante, que vous auriez juré le craquement continu d'une batterie de mitrailleuses. Les branches, fauchées, pleuvaient. Les projectiles ricochaient d'arbre en arbre avec des sifflements de toupies. La marque de leurs dents existe encore aujourd'hui sur l'écorce des chênes, des tilleuls et des hêtres...

Dès l'abord, le volontaire Bourgeois est tué raide; les tirailleurs Malfait, Bouchage et Macé sont grièvement blessés ; le caporal Démarest est frappé à mort...

Ce dernier, — un enfant de dix-huit ans, — était en convalescence à Paris, lorsqu'il avait entendu parler d'une sortie. Aussitôt, il s'était relevé de son lit, avait revêtu son uniforme, s'était esquivé de l'ambulance et avait franchi l'enceinte, — dans la nuit, — à la suite d'un régiment de garde nationale. Arrivé à Suresnes, le matin, comme nous venions d'en partir, il nous avait rejoints au pont des Trois-Pierrots, — pâle, faible, chancelant et pouvant à peine se soutenir sur sa carabine dont il se servait comme d'une béquille...

. . . .

Malgré tout, les nôtres avançaient, — en ripostant, à l'aventure, contre un ennemi invisible...

Un barreau de la grille du parc est forcé...

Derrière cette grille et faisant équerre avec elle, les Prussiens avaient élevé une formidable barricade, — laquelle coupait à pic la route de la redoute...

A l'instant où le capitaine de Junnemann passe sa tête par l'ouverture du barreau, une balle lui étoile le front...

On l'emporte râlant. C'était un grand vieillard, sec et droit à l'instar d'une latte de cuirassier, avec une moustache en brosse et une impériale grises. Il expira avant d'arriver à l'ambulance. Je crois qu'il laisse un fils, qui mûrira pour la revanche.

Presque au même moment, le capitaine Catalan allumait tranquillement sa cigarette. On l'interpelle :

— Capitaine, couvrez-vous donc!

— Merci, je n'en ferai rien. Vous êtes trop honnête! Les balles et moi, nous sommes d'anciennes connaissances... Un vieux lapin d'Afrique qui a porté le fanion du maréchal Bugeaud...

Il n'a pas achevé, qu'un projectile le fouette en plein visage...

Il tombe. On l'enlève. Couvert de sang, il dit à ceux qui le transportent :

— Voilà mon physique compromis. C'est vexant. Je n'était pas joli, joli... Maintenant, je vais faire peur aux dames...

Dans ce drame il y avait des épisodes comiques :

Mon collègue, le sergent Finet, — un beau grand garçon brun aux favoris superbes, aux dents les plus blanches du monde, — était parvenu à se glisser d'arbre en arbre jusqu'à la grille, et, tapi derrière un pan de mur, tiraillait avec rage contre la barricade. Deux fois déjà, le commandant lui avait adressé cette recommandation :

— De la prudence. Effacez-vous. Tout à l'heure, vous vous ferez toucher...

— Ma foi, mon commandant, j'ai idée que ça ne tardera pas. Ces animaux-là me prennent pour cible. Voilà dix balles, au moins, de suite qui tapent dans mon paravent...

— Couchez-vous, alors, mon cher...

— Me coucher! Le plus souvent! Pour détériorer mon pantalon neuf!...

Il n'a pas achevé sa phrase qu'on l'entend pousser un cri sourd et qu'on le voit se ployer en deux avec une grimace de douleur...

— Qu'est-ce qu'il y a, Finet? Vous en tenez?...

— Sacrebleu! oui...

— Où cela?

— En plein, — dans le gras, — tas d'imbéciles!...

— Comment?...

— C'est vous qui m'avez envoyé le pruneau!...

— Voyons, insiste M. de Vertus, à quel endroit êtes-vous blessé?

— Hé! commandant, dans un endroit qu'il serait malséant de nommer, s'il y avait des dames; mais, comme il n'y a pas de dames, sachez qu'un maladroit m'a fl...anqué une balle dans le...

— C'est bien. Je comprends. Allez vous faire panser.

Finet guérit postérieurement. La blessure était grave, pourtant, à ce qu'il paraît. J'ignore si elle fait cicatrice.

III.

SAINT-CLOUD.

Pendant ce temps, la seconde moitié du bataillon se précipitait dans Saint-Cloud par les rues du Calvaire et de la Guette.

Saint-Cloud formait volcan, avec autant de cratères qu'il y avait de maisons. On s'arquebusait de partout, du haut des greniers, du fond des caves, par toutes les croisées, par tous les soupiraux, par toutes les fentes des barricades, par tous les trous béants des ruines. La fumée du combat se mêlait à celle de l'incendie. Examinez le bâtiment qui fait l'angle des deux rues que je viens de citer : sa façade de pierres de taille est encore tigrée d'éraflures.

En entrant dans cette rue de la Guette, nos hommes eurent un instant d'indécision...

Mais les Bretons de M. Plaine-Lépine et les soldats du 135e de marche nous emboîtaient le pas...

— Enfants, cria, le capitaine Giraudier, songez que les *lignards* et les *moblots* nous regardent! Vive la France! A la baïonnette!

Alors, un élan irrésistible [1] nous emporta. Ce fut un vertige, une furie, un ouragan. Le parc de Montretout fut enlevé à l'arme blanche. On fit le siége de chaque maison. Dans l'une de celles-ci le lieutenant Giroux poursuivait un Bavarois de chambre en chambre, d'étage en étage, et finissait par l'atteindre sur un toit en terrasse où il lui mettait le grapin dessus. Dans une autre, on s'exterminait si littéralement corps à corps, qu'un de nos tirailleurs, en brûlant la cervelle à un Poméranien qu'il avait découvert dans une cave et qui essayait de le mordre, se roussissait la main gauche, de laquelle il tenait ce Poméranien par la barbe.

Au milieu de cette mêlée, de la fenêtre d'un pavillon de la rue de Montretout, d'où il venait de débusquer l'ennemi, le sous-lieutenant Audoyer aperçoit un brelan d'Allemands postés

1. Voir la note VIII.

dans un jardin en face et en train de *canarder* les nôtres. Il les tire l'un après l'autre. Tous les trois *font bonhomme.* Audoyer signale ce résultat au sergent Amyot. Celui-ci fait mine de douter :

— Allons-y voir, propose l'officier.

Ils traversent la rue sous les balles et pénètrent dans le jardin...

O surprise.

Il y a là *quatre* corps couchés la face dans la boue...

Quatre !...

Et Audoyer est certain de n'avoir déchargé son snyder que *trois* fois !

— Oh ! oh ! murmure Amyot en considérant ce trio si subitement converti en quatuor, oh ! oh ! oh !. voilà qui me paraît bizarre ! Est-ce que les morts feraient des petits ? Voyons à nous en assurer...

Et il chatouille du bout de sa baïonnette chacun des quatre corps juxtaposés...

Les trois premiers restent immobiles : ceux-là — évidemment — sont des cadavres authentiques.

Mais à peine le quatrième a-t-il senti la pointe aiguë, qu'il se retourne brusquement, fait un saut de carpe et retombe aux pieds d'Audoyer, en gémissant dans le baragouin le plus accentué que Balzac ait jamais fait parler à Nucingen :

— *Messier le Vrançais, ne me faides bas te mal!...*

Audoyer l'empoigne. C'était un jeune Polonais, joufflu, imberbe, rubicond, — fort négligé dans sa tenue — et qui, pour le moment, semblait n'avoir qu'une ambition, un désir, un espoir : être — le plus vite possible — serré dans

> Quelque endroit écarté
> Où de bouder au feu l'on eût la liberté...

De son côté, le lieutenant tenait essentiellement à emmener son prisonnier...

Mais le moyen ?

Le Polonais flottait à tous les vents de la bataille. A chaque crépitement de la fusillade, ses genoux se dérobaient sous lui. C'était un évanouissement à jets d'épouvante continus!...

Audoyer eut une idée :

Il traîna le pauvre garçon derrière un pan de mur qui l'abritait des balles et lui présenta sa gourde remplie d'excellente eau-de-vie...

Le *Yungmann* but avidement...

Ensuite, il fit deux ou trois pas...

Mais chassepots, snyders, dreysses et remingtons, tout cela faisait rage. Un ouragan de plomb sifflait, — sabrant les branches des arbres, écorchant les murailles des jardins et trouant sans pitié quiconque se trouvait debout sur son passage....

Toutes les fois qu'un projectile froufroutait à son oreille, notre Polonais s'affaissait entre les bras de son « propriétaire » et tendait des mains suppliantes vers le reconfort de la gourde...

De projectile en projectile, de syncope en syncope et de gorgée en gorgée, il en arriva peu à peu à cette ivresse proverbiale qui caractérise le peuple auquel nous devons Poniatowski et qui venait de nous tuer Rochebrune...

Et lorsqu'on le remit aux gens de la prévôté, il envoyait des poignées de baisers à nos soldats, et appelait les gendarmes : *Mes betites ficilles !*

. . . .
. . . .

A huit heures et demie du matin, les abords de Montretout étaient dégagés. On voyait les Allemands détaler comme des lièvres des dernières bâtisses de la hauteur. La barricade, qui barrait la route au coin de la grille du parc Pozzo di Borgo, était abandonnée par ses défenseurs. Ceux-ci se repliaient sur la redoute. Arrivés près du fossé, ils s'arrêtèrent. Un témoin de cet incident m'affirme qu'ils mirent la crosse en l'air...

Le lieutenant Guillon les serrait de près. Devançant les quelques tirailleurs qui l'accompagnaient, il marcha droit au groupe formé par les Poméraniens, — c'étaient des Poméraniens du 58e régiment de Posen, — et leur intima de se rendre...

Les Allemands s'aperçurent-ils seulement alors que Guillon n'était suivi que d'une poignée d'hommes?...

Ou bien, des coups de fusil tirés sur la droite, — par où la garde nationale montait, — leur firent-ils croire qu'on refusait de les recevoir à quartier?...

Toujours est-il qu'ils répondirent à la sommation de notre officier par une décharge à bout portant...

Guillon s'abattit, — foudroyé!...

Il avait vingt-sept ans.

C'était un honorable négociant du boulevard du Prince-Eugène. Dans son enfance, un accident l'avait privé d'un œil. Après le 4 septembre, Guillon s'en fut à sa mairie et demanda à être inscrit sur les contrôles de la garde nationale...

— C'est impossible, lui répondit le membre de la municipalité auquel il s'adressa.

— Pourquoi cela ?

— A cause de votre infirmité.

— Mais elle ne me gêne nullement. Je suis chasseur et je ne crois pas qu'un Prussien soit beaucoup plus difficile à descendre qu'un lièvre ou un perdreau.

L'autre réitéra sèchement :

— Je vous dis que c'est impossible. Je ne veux pas de borgne dans les rangs de la milice citoyenne de mon arrondissement.

Guillon sortit furieux. L'appel fait par le commandant de Vertus pour la formation des francs-tireurs des Ternes était affiché à la porte de la mairie. Guillon le lut, vint chez nous et s'enrôla. Il était notre officier d'habillement. Ses fonctions pouvaient le dispenser d'aller au feu. Sa jeune femme lui en fit l'observation la veille de la bataille...

— Je veux avoir ma part de danger, repartit le malheureux.

Il aura sa part de gloire.

Lorsqu'il tomba, des voix s'élevèrent :

— Le lieutenant est tué ! Ramassez le lieutenant !

D'autres voix ripostèrent :

— On le ramassera plus tard. Vengeons-le. En avant!

Du côté du Mont-Valérien, toute une fourmilière de gardes nationaux grimpait à travers les vignes. Des clairons sonnaient la charge. Le canon tonnait à la Briqueterie. Il grondait dans la direction de Rueil. Dans celle de Garches et de Buzenval, la mousqueterie commençait à crépiter.

Du côté de Saint-Cloud, des zouaves et des *lignards* accouraient pêle-mêle avec nos francs-tireurs. Les zouaves faisaient des bonds de tigres. On chantait :

Y a la goutte à boire
Là-haut!
Y a la goutte à boire!

Là-haut, c'était la redoute! Tout le monde piquait dessus. Mais on n'y entrait pas comme on entre à la messe. Outre qu'un feu roulant, des mieux nourris, partait de derrière le talus, l'ennemi, qui occupait encore deux ou trois maisons échelonnées sur le versant de la côte, nous fusillait des fenêtres sans relâche et sans danger.

Ajoutez entre les assaillants et le talus une tranchée large et profonde...

Heureusement, les matériaux d'un bâtiment en construction étaient épars à quelques pas de ce fossé...

Notre adjudant Bardet avise un madrier parmi ces matériaux; il le soulève, le traîne, le jette en guise de pont volant sur la tranchée, et, s'adressant aux volontaires :

— Allons, un peu de gymnastique. Ascension sur la corde raide. Avec ou sans balancier.

Et, pour donner l'exemple, il passe le premier. Le commandant de Vertus, le lieutenant Giroux et le sous-lieutenant de Curty l'imitent. Puis, une partie des hommes défile à la queue-leu-leu sur cette planche étroite, fragile et vacillante, à travers les volées de projectiles qui convergent de toutes parts sur ce point culminant et découvert, tandis que le reste, couché derrière des piles de moellons, riposte victorieusement aux feux croisés de la redoute et des maisons.

En ce moment, le tirailleur Jules Legrand, de Dormans, ennuyé de la lenteur de cette opération, se met à contourner le retranchement en cherchant un endroit où le passage soit plus facile. Soudain, comme il vient de tourner un angle du talus, il découvre dans le fossé un groupe d'une vingtaine de chasseurs bavarois qui, pour s'échapper de la redoute, sont descendus au fond de ce trou et n'osent point remonter de l'autre côté.

Legrand fait un signe rapide aux camarades qui l'ont suivi des yeux. Ensuite, posant son chassepot à terre, il saute brusquement, — le sabre-baïonnette au poing, — au milieu des Bavarois stupéfaits et achève de les ahurir tellement par une pantomime menaçante, qu'il les force à escalader, — un à un, — les parois de l'excavation, sur les bords de laquelle ils sont *cueillis* et désarmés par quelques soldats du 135e et quelques francs-tireurs.

Quelque extraordinaire que puisse paraître ce fait, j'en garantis l'authenticité de la façon la plus absolue et la plus complète. Legrand conduisit lui-même ses prisonniers au Mont-Valérien, où il les présenta au général Trochu. Celui-ci le nomma caporal d'emblée et ordonna qu'il fût porté pour la médaille. Je ne pense pas qu'il l'ait jamais eue.

IV.

DANS LA REDOUTE.

Si jamais quelqu'un vous demande combien, — dans la journée du 19 janvier, — l'armée de Paris mit en ligne de bouches à feu et d'artilleurs pour riposter à l'effroyable canonnade sous laquelle l'ennemi écrasa ceux des nôtres qui occupaient Montretout, répondez hardiment :

— Quatre pièces et *deux hommes.*

Par *hommes*, j'entends ici ce que les anciens n'eussent point manqué d'appeler *andrès* ou *viri*, — du vers de mirliton cueilli, en nos jeunes années, dans le *Jardin des racines grecques* :

Aner, vir, homme de courage...

Il était environ deux heures de l'après-midi. Depuis neuf heures du matin, la redoute nous appartenait. A sa droite, le mouvement s'opérait sur Garches, la Bergerie et Buzenval. A sa gauche, Saint-Cloud continuait à nous tracasser de coups de fusil. Il y en avait un nid dans le clocher de l'église, dont les Allemands avaient brisé l'horloge et mutilé le cadran sous le prétexte que les aiguilles correspondaient avec le Mont-Valérien. La poudre ne parlait pas seulement : elle bavardait comme une pie borgne. Figurez-vous le craquement d'une toile qu'on déchire et qui n'en finit pas !...

Dans la redoute, la boue nous montait jusqu'à mi-jambe, — une boue couleur d'ocre, grasse et gluante, qui plombait nos semelles et paralysait notre élan. Nous étions là, tapis pêle-mêle derrière les talus, — gardes nationaux, *lignards* et francs-tireurs. Quand l'un de nous, se soulevant avec précaution, jetait un rapide regard par-dessus le parapet, il voyait se dérouler en face de lui la zone de terrains qui grimpe jusqu'à Garches en plis légers, couverts de vignes. Une lumière terne agonisait sur cet espace, gris de brouillard ou de fumée. Au fond, les bois formaient une ligne noire qui semblait ourler le ciel d'un ruban de deuil; étendue sombre et menaçante, que piquait d'une note blanche la *Maison du Curé!...*

A part ceux dont les corps gisaient dans le fossé et à l'intérieur de la redoute, nous ne découvrions pas de Prussiens... Mais ils nous apercevaient, eux, des hauteurs des maisons où ils étaient perchés... Car sitôt qu'une tête émergeait du retranchement, une balle sifflait à son oreille... Je me rappelle un malheureux garde national qui se haussa, en s'écriant :

— Il faut que j'en dégomme un, de ces brigands qui se cachent!...

Il n'eut pas le temps d'épauler son arme. Une balle lui troua le front. Il s'étala la face dans la boue. Un autre projectile vint frapper en pleine figure un jeune franc-tireur, — presque un enfant... Il laissa échapper son fusil, battit l'air de ses bras et tomba en gémissant :

— Ah! mon Dieu! maman, je suis mort!

Il l'était en effet.

Une voix dit :

— Tant qu'il ne s'agira que de recevoir des prunes, passe! Mais si les ananas s'en mêlent...

Et bientôt *les ananas s'en mêlèrent.* Un premier défonça le toit d'une bâtisse située en dehors, sur le chemin, à une centaine de mètres. La même voix ajouta :

— *Ils* vont rectifier leur tir! gare à nous, ça va chauffer!...

La phrase n'était pas achevée qu'une explosion formidable retentissait. Il me sembla que le parapet tout entier sautait, et mes voisins et moi nous fûmes couverts de terre.

Dès ce moment, les obus se succédèrent sans relâche. Les uns s'enfonçaient dans le sol mou avec un bruit sourd; les autres éclataient avec des détonations terribles. Une âcre buée sulfureuse nous enveloppait, trouée çà et là d'éclairs rouges. On entendait de grands soupirs, des hurlements de douleur, des plaintes étouffées, des appels et des jurons.

Nulle défaillance, du reste, et nulle envie de lâcher pied.

Chacun demeurait à son poste, le cœur serré, mais les traits calmes. Si d'aucuns étaient un peu pâles, il s'en trouvait qui plaisantaient et qui faisaient la nique à la mitraille. D'autres causaient, cassaient une croûte ou buvaient une goutte. Tous, nous n'avions qu'une idée :

— Si le canon arrivait, le berger répondrait à la bergère. On fouillerait le rideau de brume et de bois derrière lequel l'ennemi se dissimule, et l'on viendrait ainsi en aide aux camarades qui sont en train de se heurter contre les démons invisibles du mur crénelé de Buzenval.

En attendant, mon lieutenant Giroux venait d'avoir les deux jambes broyées, —mon pauvre lieutenant Giroux qui, quelques jours auparavant, nous avait fait tant rire, dans nos cantonnements de Suresnes, en nous chantant le *Maître d'école* avec un pet-en-l'air à ramages et un bonnet de coton à fontange!...

Huit des nôtres, — des intrépides, — l'emportaient, à travers le feu, sur un volet arraché à la masure qui se dressait au milieu de la redoute. En passant sur l'étroit madrier qui faisait pont sur le fossé, ils rencontrèrent un général. Celui-ci ôta son képi. Giroux se souleva tout sanglant :

— Et l'artillerie, mon général, demanda-t-il, l'artillerie arrive-t-elle enfin ?

— Elle me suit, monsieur.

Le blessé, — il l'était mortellement, — épuisé de l'effort, se recoucha sur le brancard improvisé.

— Bravo ! murmura-t-il. Nous les tenons. Vive la France !

Quatre pièces gravissaient la rampe avec peine. La première culbuta et glissa dans le

4

fossé. Deux autres s'embourbèrent jusqu'au moyeu des roues. Il leur fut impossible de démarrer de l'ornière. On attela plusieurs chevaux de renfort à la quatrième. Elle s'avança lentement jusqu'à une espèce de puits qui se trouvait sur la gauche de la redoute. Un officier et un brigadier chevauchaient à côté. Tous deux mirent pied à terre. L'officier, qui portait sur sa pelisse les galons de commandant, donna l'ordre :

— En batterie !

C'était un petit homme brun, d'apparence paisible. L'uniforme jurait sur son dos. Devant ses yeux légèrement voilés vous auriez cherché les lunettes vertes du bureaucrate ou du savant [1].

Le type du brigadier, au contraire, rappelait les troupiers de Charlet et de Raffet. Un long,

1. J'ai appris plus tard le nom de ce brave officier : c'était le commandant Tardif de Moidrey. Enfant de Metz, le commandant Tardif de Moidrey, malade au camp de Châlons, lors du désastre de Sedan, avait oublié ses souffrances pour prendre une part active à la défense de Paris. Il est mort, depuis, à Versailles, de fatigue et de chagrin, laissant à sa veuve et à ses quatre enfants un nom que je suis heureux de citer à mes lecteurs.

sec et solide gaillard, avec une moustache hérissée, un nez recourbé sur la bouche, un teint cuivré, des rides qui ressemblaient à des balafres, une large ceinture africaine, une veste élimée, le cuir de son pantalon blindé de crotte, trois brisques sur la manche et un bout de pipe aux dents. Il répéta le commandement.

— En batterie !

Les artilleurs se mirent en devoir d'obéir. Au même instant, un projectile vint faire explosion entre les jambes du porteur de devant et le retourna ainsi qu'une crêpe dans la poêle, le ventre ouvert et les entrailles pendantes...

L'officier et le brigadier disparurent dans la fumée et les éclats. Nous les crûmes hachés en miettes. Mais lorsque la vapeur brûlante se fut dissipée, nous les retrouvâmes, — tous les deux, — à leur place. Ils n'avaient pas bougé d'une semelle. Le commandant, appuyé sur son sabre, conservait son attitude calme et sa physionomie paisible. Le vieux soldat continuait à tèter son soupçon de pipe...

— Dételez ! fit l'officier.

Le mot était encore sur ses lèvres, qu'un second obus mettait un second cheval en morceaux...

— Dételez! redit le commandant du même ton, — ferme, tranquille et froid.

Un troisième, un quatrième projectile s'enfoncèrent — coup sur coup — à ses pieds. Il ne sourcilla ni ne bougea. Les artilleurs, effarés, cherchaient à se garer. Le brigadier, qui n'avait pas lâché son brûle-gueule, leur criait :

— Hé là-bas! faudra-t-il que je prenne mon revolver pour vous faire faire votre métier ?

Puis, haussant les épaules avec un dédain superbe :

— La mitraille prussienne! V'là-t-il pas une affaire! Ça tue, mais ça ne fait pas de mal!

Pendant ce temps, l'officier avait tiré un couteau de sa poche et sciait les traits des chevaux, qui se cabraient et hennissaient, — affolés de terreur.

Quand il eut terminé cette besogne, — sans se presser :

— En batterie! commanda-t-il derechef.

Hélas! un nouvel obus s'abattit, — cette fois, — sur la pièce...

Et celle-ci, frappée d'impuissance, se renversa au milieu des débris de ses roues et de son affût!...

On vit poindre une larme de rage sous la paupière du commandant... .

Quant au brigadier, avec un mouvement qu'on ne saurait dépeindre, il jeta sa pipe sur le sol et l'écrasa sous son talon...

V.

APRÈS LE COMBAT.

Le soir tombait rapidement. Le soleil se couchait, — rouge, — dans un lit de fumée et de brume. Vous auriez dit d'une large goutte de sang sur une robe de satin gris-perle.

Avertis — vers quatre heures et demie — d'avoir à quitter la redoute que ne cessait d'écraser une averse de mitraille et que les masses ennemies, récemment entrées en ligne, menaçaient d'un retour offensif auquel notre petit nombre ne nous permettait pas de faire face, nous étions revenus à notre point d'attaque, — à l'octroi de Saint-Cloud, près la rue du Calvaire, au milieu des félicitations et des acclamations des troupes de toutes armes qui nous avaient suivis au feu et qui avaient pu voir, elles, depuis le matin, que la *Branche de Houx* ne boudait pas [1].

Hélas! c'était l'instant fatal où, l'ivresse s'étant évaporée, qui résulte de la bataille, du danger, de la mort évitée par miracle et renvoyée avec furie, la bête reconquiert invinciblement le héros, et où les hommes les plus robustes, les soldats les plus aguerris, les cœurs les plus vaillants, les esprits les plus vifs et les plus enthousiastes commencent à sentir le coup de massue de la fatigue, les morsures de la faim et de la soif et cette sorte de paralysie morale que détermine l'espoir déçu et qui fige les idées dans le cerveau...

Quoi donc! l'on avait compté faire — à Versailles — la soupe dans les marmites prussiennes!...

1. Voici le texte de l'ordre qui nous prescrivait ce mouvement :

« *L'officier d'ordonnance au commandant des francs-tireurs des Ternes.*

« Toute la ligne se retire. Faites votre mouvement lentement. C'est vous qui protégez la retraite.

« LAFEUILLADE. »

Et voilà qu'après un si pénible, après un si coûteux effort, après tant de horions donnés ou reçus, après tant de braves gens obscurément perdus, on aboutissait... où ?... — A l'endroit du début! Au pont des *Trois-Pierrots!* au cabaret de Thirel, le marchand de vin traiteur ! Il y avait là de quoi décourager tout le monde.

Nos pauvres tirailleurs, couverts de boue des talons à la nuque, — affamés, assoifés, harassés, exténués, — s'étaient étendus sur les talus de la route, en proie à un abattement morne. La tête lourde et les membres brisés de lassitude, ils s'abandonnaient à une espèce d'étouffement de leur être comme un voyageur accablé qui se laisse aller au sommeil. Beaucoup dormaient réellement. La plupart ayant jeté leurs vivres et vidé leur gourde pendant l'action, c'était à peine si quelques-uns avaient une croûte de biscuit à grignoter, une gorgée de café ou d'eau-de-vie à boire. On n'échangeait pas une parole. Chacun, affaissé dans sa prostration, semblait à mille lieues de ses camarades.

Sur Garches et Buzenval, le combat continuait, — et le canon grondait comme une basse d'orchestre sur laquelle la fusillade détachait ses notes claires et grêles ainsi que les agréments dessinés par les instruments à vent dans une symphonie dont les altos et les violoncellesforment le fond.

Des groupes de *lignards*, de gardes nationaux, de *moblots* sortaient de la fournaise de Saint-Cloud ou redescendaient du plateau de Montretout, — la figure enflammée par la lutte, le chassepot fumant, les mains noires de poudre et la bouche pleine de jurons...

Ils racontaient, — avec des explosions de cris et de colère, — que l'on était trahi encore une fois, que l'ennemi se rapprochait et qu'il venait de réoccuper la barricade, le parc et la villa Pozzo di Borgo...

Les ambulances de la presse ayant réclamé l'aide de nos volontaires pour enlever de la redoute les blessés allemands et les nôtres, on voyait défiler une queue-leu-leu funèbre de brancards recouverts de bâches de toile bise, marbrées de plaques de sang, — sous lesquelles ces malheureux s'agitaient, geignaient et râlaient. On les dirigeait sur la Briqueterie où les premiers soins leur étaient donnés. De là, on les évacuait — en voiture — sur Suresnes, puis sur Paris.

Le sergent Levasseur et le tirailleur Schnéberger redescendaient avec précautions la pente raide et glissante d'une ruelle qui conduisait à Montretout. Ils portaient dans leurs bras, — l'un par le buste et l'autre par les jambes, — l'officier prussien, bavarois ou poméranien, qui commandait le matin dans la redoute. C'était un jeune homme, le lieutenant von Kauffingen, du 2e chasseurs. J'aurai toujours devant les yeux cette figure aux traits convulsés sur la lividité de laquelle tranchait à peine une barbe follette d'un blond d'ambre, ces paupières closes comme si la mort les eût touchées de son doigt de glace et ces lèvres entr'ouvertes, décolorées et frémissantes d'où s'échappait, entre des hoquets de douleur, une plainte faible, vague et continue ainsi que celle d'un enfant. Le pauvre diable avait reçu deux balles dans les flancs. Sa main gauche se crispait sur le drap du manteau dont mes camarades l'avaient emmailloté. La droite pendait à la dérive, inerte et d'une blancheur de cire, avec une grosse bague au médium et une manchette amidonnée émergeant du parement d'uniforme.

Des gardes nationaux, qui s'étaient arrêtés devant les *Trois-Pierrots* pour lamper une goutte, apostrophèrent Schnéberger et Levasseur au passage :

— Ne vous embarrassez donc pas de ce brigand-là!... — Foutez-le par terre!... — Laissez-le crever comme un chien!...

Le commandant de Vertus était assis sur le parapet du pont. Il se leva brusquement et demanda d'un ton sévère :

— Qui est-ce qui parle ici, quand mes hommes se taisent?

Les gardes nationaux n'aventurèrent plus une syllabe.

Le commandant s'approcha du blessé :

— Comprenez-vous le français, monsieur? interrogea-t-il en ôtant son chapeau.

Sans rouvrir les yeux, l'Allemand fit — du front — un signe affirmatif.

— Pouvez-vous me répondre? poursuivit le commandant. Comment vous trouvez-vous? Souffrez-vous beaucoup?

— Horriblement.

— Prenez courage, et soyez sûr que l'on fera pour vous tout ce que l'humanité prescrit. L'ambulance n'est pas loin. Vous allez être pansé tout à l'heure.

Ensuite, s'adressant à Levasseur et à Schnéberger.

— Allez doucement, bien doucement, ajouta notre chef. Tâchez d'éviter toute secousse...

Le moribond releva les paupières...

Il fit un effort pour se redresser et pour tendre la main à son interlocuteur...

Puis, remarquant la branche de houx qui ornait le feutre de celui-ci :

— Franc-tireur? murmura-t-il d'une voix qui était comme un souffle.

— Francs-tireurs, oui, monsieur, appuya M. de Vertus, ceux-là même que vous avez mis hors la loi militaire, que vous tentez de déshonorer en les qualifiant de bandits et auxquels vous refusez le titre de soldats avec le droit de se faire tuer en combattant pour leur pays.

Je n'oublierai jamais le regard d'indicible surprise, de reconnaissance et de regret que promena sur nous l'officier allemand.

Schnéberger et Levasseur continuèrent leur route vers la Briqueterie. Ils m'ont raconté, depuis, que, déposé à l'ambulance, M. von Kauflingen avait tenu à les embrasser avant de se séparer d'eux. S'il a survécu à nos balles, ce gentilhomme, au moins, aura pu protester *in petto*, à Berlin, contre les sarcasmes et les calomnies de M. de Moltke, anathématisant, du haut de la tribune du *Reichstag*, la « barbarie » et « l'inutilité » des corps francs!...

. . . .

Quelques minutes plus tard, un cavalier

nous arrivait à toute bride par devers le Mont-Valérien. C'était un officier d'ordonnance du général Noël. Il accourait prévenir M. de Vertus que M. de Lareinty, commandant des mobiles de la Loire-Inférieure, qui occupait la maison Zimmermann — dans Saint-Cloud, — était menacé de se voir enveloppé par le mouvement de réaction de l'ennemi. L'ordre nous était donné de reprendre l'offensive. A tout prix [1] il fallait tirer M. de Lareinty du guêpier.

1. Voici la teneur de cet ordre qui nous fut réitéré, — dans la soirée, — à Suresnes, — par une dépêche venant du Mont-Valérien :

« 19 janvier, 9 h. 35 m. du soir.

« Général Noël à commandant des tirailleurs des Ternes ou à son remplaçant.

« Il faut *à tout prix*, au moyen de deux reconnaissances, une des mobiles d'Ille-et-Vilaine et une des tirailleurs des Ternes, faire savoir à M. de Lareinty, qui commande le 4e bataillon de la Loire-Inférieure, occupant le parc Pozzo et la maison Zimmermann ; au commandant Plaine Lépine, du 3e bataillon d'Ille-et-Vilaine occupant actuellement la maison Armengaud ; enfin, au

Voici comment cet officier se trouvait dans une aussi grave situation :

colonel Mosneron-Dupin, occupant le parc et le château de Béarn, qu'ils doivent rejoindre cette nuit et le plus tôt possible leurs cantonnements respectifs ; mais en faisant ce mouvement *successivement, les plus avancés quittant les premiers et ne laissant personne derrière.* »

VI.

LE CAS DE M. DE LAREINTY.

Le matin, au moment où le Mont-Valérien donnait le signal de l'attaque et où la première moitié du bataillon se précipitait sur la propriété Pozzo di Borgo, tandis que l'autre se préparait à s'engager dans Saint-Cloud, le comte de Lareinty, des mobiles de la Loire-Inférieure, avait demandé à M. de Vertus[1] de lui indiquer la maison Zimmermann,—objectif de la colonne qu'il dirigeait.

— Je ferai mieux que de vous l'indiquer,

1. Rapport du commandant de Vertus au général Noël, en date du 20 janvier.

avait répondu M. de Vertus, je vais vous faire accompagner par une demi-douzaine des nôtres qui vous y conduiront les yeux fermés. Ayez toute confiance en eux. Ce sont gens qui savent le terrain comme vos Bretons le *Pater*.

Puis, se tournant vers nous :

— Holà! six hommes de bonne volonté pour servir de guides au commandant!

Six tirailleurs sortirent des rangs. C'étaient Weill, Decès, Durand, Renard, Steiffel et Patriarche. Le caporal clairon Roth se joignit à eux. Il prit la tête de la colonne et se mit à sonner la charge.

La colonne comptait de six à sept cents hommes.

Elle s'enfonça dans la rue de la Guette.

Les Allemands, qui en tenaient les extrémités, avaient ouvert un feu roulant dont les projectiles enfilaient dans toute sa longueur cette voie escarpée et étroite. Il y eut parmi les *moblots* un instant d'hésitation. Ils s'arrêtèrent et se collèrent le dos aux maisons...

Heureusement, M. de Lareinty ne leur laissa pas le temps d'avoir peur...

Il s'avança résolûment jusqu'au milieu de la chaussée, planta son sabre entre deux pavés, et, se croisant les bras :

— Allons, mes gars, fit-il, c'est là qu'il faut passer.

Les gars passèrent.

Les francs-tireurs étaient passés.

On parvint sous les balles à la maison Zimmermann; on en débusqua l'ennemi; on s'y établit solidement. Mais la journée s'écoula sans qu'on vît arriver les troupes qui devaient soutenir le mouvement et le prononcer en avant. Nos six volontaires tinrent conseil dans un coin. Ensuite, le clairon Roth s'approcha de l'un des officiers de M. de Larcinty :

— Mon officier, déclara-t-il, si la retraite n'est pas assurée, m'est avis que nous sommes fichus jusqu'au dernier. Je possède le pays sur le bout de mon doigt, y ayant poussé, depuis trois semaines, des reconnaissances toutes les nuits. Nous sommes au centre d'un écheveau. Il y a tout autour de nous un embrouillamini de ruelles, par où les *mangeurs de choucroute* vont revenir avec la brune, et nous ramasser d'un tour de main comme une couvée de pouillards dans un filet...

Les Bretons sont braves — et têtus. L'officier répliqua sèchement :

— Nous avons ordre d'occuper la maison Zimmermann. Que ceux qui sont inquiets s'en aillent!

Le clairon haussa les épaules.

— Vous savez bien, fit-il, que nous ne vous lâcherons pas. Le commandant de Vertus nous a envoyés avec vous. Nous ne reviendrons qu'avec vous.

Et il s'en fut rejoindre ses compagnons.

— Eh bien? interrogèrent ceux-ci.

— Eh bien, les *moblots* restent et nous restons, parbleu! Pris ou tués ensemble. C'est une affaire réglée comme un papier de musique.

— Ce qui n'est pas moins réglé, grommela un volontaire, c'est que si les *têtes carrées* nous pincent par la famine ou par le manque de munitions, les *moblots* seront prisonniers de guerre, tout simplement, comme la ligne, tandis que nous, les francs-tireurs, on nous fusillera comme des chiens.

Un deuxième ajouta :

— Ah! si les camarades savaient dans quel pétrin nous allons être!...

— Voilà précisément ce qui me trottait par l'idée, reprit Roth. Il faudrait qu'un de nous s'éclipsât de cette sacrée souricière et tâchât de rallier le bataillon, qui doit être à présent dans le parc Pozzo di Borgo, dans la redoute de Montretout ou sur la route de Versailles. Les généraux seraient prévenus et l'on reviendrait en force débloquer les amis...

Les six autres prononcèrent d'une commune voix :

— Vas-y, toi, Roth. C'est toi qui es le plus capable de t'orienter...

Le clairon ne se le fit pas répéter...

Il se glissa hors de la maison Zimmermann...

Nous vous raconterons tout à l'heure les émouvantes péripéties de sa courageuse entreprise...

Retournons — pour l'instant — au pont des *Pierrots*, où l'officier d'ordonnance du général Noël était en train d'expliquer à M. de Vertus ce que *l'état-major* [1] attendait de *la Branche de Houx*.

1. Ce n'est pas sans intention que nous nous servons ici de ce mot *l'état-major*, qui comprend tout le monde et ne désigne personne. La plupart, en effet, des officiers généraux, ayant exercé un commandement supérieur dans la journée du 19 janvier, prétendent n'avoir eu connaissance qu'au moment où il était devenu impossible de l'en tirer, de la fâcheuse position de M. de Lareinty. Ainsi qu'on le verra plus tard, le général Noël assure n'en avoir été informé que le lendemain matin. De son côté, le général Vinoy, dans son volume intéressant sur *les Opérations de la troisième armée*, affirme que la nouvelle de cet *oubli* ne lui parvint que le 20, à quatre heures et demie du soir. Toujours est-il que le 19, à la brune, « le bruit de l'abandon de M. de Lareinty dans la maison Zimmermann était *confirmé* à

Dès les premières paroles de l'officier d'ordonnance, tout le monde s'était remis sur pieds. La journée n'était donc pas finie! On allait *se bûcher* encore! Faim, soif, fatigue, tout semblait oublié! L'élan se montrait si spontané, si furieux, si inconsidéré même, que le commandant crut devoir prendre des mesures de prudence pour qu'il ne nous devînt pas fatal.

— Lieutenant, dit-il à l'aide de camp, vous voyez ce qui me reste de mon bataillon. Ces braves gens se battent depuis douze heures. J'ai la moitié de mes officiers hors de combat. Certes, je ne refuse pas de marcher, et l'attitude de mes hommes vous prouve assez l'ardeur joyeuse avec laquelle ils retourneraient à l'ennemi ; mais je demande à être appuyé, suivi. Le succès du mouvement que nous allons tenter tient à cette condition.

— Rien de plus juste. Deux bataillons, — mobiles et gardes nationaux, — vont opérer avec vous.

Il y avait, en effet, plusieurs bataillons de ces deux corps qui, depuis le matin, station-

M. de Vertus par le lieutenant Lafeuillade. » Le rapport du major-commandant des *Tirailleurs des Ternes* est des plus explicites à cet égard.

naient, l'arme au pied, sous le viaduc du chemin de fer.

L'aide de camp se dirigea de leur côté et parlementa quelque temps avec leurs officiers. Mais il paraît que ses efforts pour les décider à bouger ne furent pas des plus heureux, — car, lorsque nos clairons sonnèrent *l'assemblée*, une seule compagnie de mobiles[1] s'en vint se fondre dans nos rangs.

Le commandant s'adressa à l'aide de camp :

— Monsieur, veuillez informer le général que *l'impossible* sera fait.

La fièvre de la bataille s'était rallumée dans tous les yeux.

Les carabines frémissaient d'impatience dans les mains.

Une clameur s'éleva :

— Aux Prussiens! aux Prussiens!...

1. Rapport du commandant de Vertus : « J'ignore par suite de quelle erreur ces bataillons étaient restés à l'abri dans les talus du chemin de fer ou massés dans le chemin creux, lequel passe sous le petit viaduc. Une seule campagnie de mobiles demeura avec nous. » Je cite ce rapport textuellement, afin de renvoyer à cette pièce *officielle* les réclamations — s'il s'en produisait — sur ce point.

A ce cri répondit une douzaine de coups de fusil qui éclaira soudain les sommets baignés d'ombre du talus du chemin de fer...

Deux ou trois balles s'aplatirent contre les parapets du pont...

Et un homme grimpant le long de ce talus arriva jusqu'au milieu de nous...

Cet homme, c'était le camarade Roth...

On l'entoura...

On le releva...

On l'interrogea...

Et le clairon, haletant, contusionné, meurtri, nous fit, — en quatre mots brefs, nets, clairs et précis, — le récit de ses aventures.

VII.

L'AVENTURE DU CLAIRON ROTH.

Quand Roth avait quitté la maison Zimmermann, la pénombre du crépuscule, — si promptement envahissante en ces courtes après-midi de janvier, — le brouillard qui montait de la Seine ou qui descendait du plateau, et l'haleine enflammée, âcre, épaisse, des fusils, avaient couvert d'un voile cette partie de Saint-Cloud, — réseau de ruelles entrelacées comme une couvée de serpents, à cheval les unes sur les autres et ne communiquant le plus souvent entre elles que par des escaliers plus roides que des échelles et par des rampes non moins ardues que celles de la Yungfrau ou du Righi.

Le combat n'avait pas cessé. Il entourait le clairon. Les étoiles rouges de la mousqueterie s'allumaient sans relâche dans l'obscurité qui les avivait, — et les balles criaient dans l'air où l'on sentait trembler les commotions de la journée.

Coupant à travers les bâtisses éventrées par le bombardement ou l'incendie, escaladant les murs des jardins, longeant *à quatre pattes* les parois des venelles dont le labyrinthe lui était familier, Roth atteignit — non sans peine — le parc Pozzo di Borgo.

Il y avait dans la muraille une brèche que notre volontaire avait remarquée dans l'une de ses précédentes explorations nocturnes : cette brèche s'ouvrait non loin du pavillon *de maître*, déchaperonné, troué, lézardé par les obus, dont la ruine béante et branlante atteste encore aujourd'hui l'incroyable furie de cette guerre.

Roth s'introduisit par cette brèche...

Il comptait tomber là au milieu de nos troupes...

Et, de fait, la propriété était hérissée de baïonnettes...

Seulement, ce n'était plus de baïonnettes françaises...

Le franc-tireur reconnut les bérets plats des

Saxons, les casques de cuir bouilli à chenille noire des Bavarois et les shakos bas, à double visière, des *iègres*, — *iœggers*, chasseurs...

Un pas en avant et il donnait en plein dans l'ennemi !...

Le brave garçon n'eut que le temps de se jeter à plat ventre...

Puis, rampant d'arbre en arbre, il arriva au pavillon dont je viens de parler, se hissa avec des précautions infinies par l'une des fenêtres effondrées et s'en fut se blottir dans un angle du vestibule du rez-de-chaussée...

Il y resta une heure, — immobile, muet, retenant son souffle et voyant avec stupeur le fourmillement des Allemands grossir à chaque instant dans le parc...

Ses angoisses redoublèrent, lorsque l'on vint placer deux sentinelles à la porte du pavillon...

Le clairon allongea le cou, tendit l'oreille et surprit au vol ces trois mots dans une consigne transmise à haute voix par un chef :

— *Pour les officiers.*

Roth est Alsacien. Il comprit. Le pavillon, dans lequel il se tenait caché, était réservé aux officiers. Ceux-ci allaient en prendre possession dans un moment peut-être, — et le tirailleur, découvert, ne pouvait manquer d'être immédiatement arquebusé, sinon massacré, lardé, haché à coups de sabre et de baïonnette...

Pas une minute à perdre : il fallait prendre un parti...

Le parti fut pris en une minute...

Le volontaire avait conservé son chassepot...

Il l'arma...

Et, lorsque la première des deux sentinelles, qui se promenaient en se croisant devant la porte du pavillon, s'encadra dans la baie de cette porte, il épaula rapidement et fit feu...

Le soldat s'affaissa, une balle dans la poitrine...

Roth se rua hors du vestibule et franchit d'un élan les dix ou douze marches qui le séparaient du sol...

La seconde sentinelle se retournait...

Un formidable coup de crosse lui fracassa le crâne...

Roth bondit comme un tigre. Tout ce qui lui fait obstacle est renversé sous l'arme qui tournoie dans ses mains. Comment sort-il du parc? Il n'en sait rien lui-même; mais le voilà qui joue du jarret dans les demi-ténèbres et qui, pour échapper à la fusillade dont on le poursuit, s'élance à corps perdu dans les talus du chemin de fer au haut duquel il nous retrouve.

. . . .

Il est constant que le clairon ne mit pas à nous raconter les péripéties de ce drame le quart du temps que je viens d'employer à les transcrire. De ce récit il ressortait une vérité indiscutable : les Allemands réoccupaient les positions que nous leur avions arrachées, — Dieu sait à quel prix ! — le matin, et leur nombre incessamment accru plaçait une barrière de fer entre nos troupes et le comte de Larcinty. Pour arriver à ce dernier, il eût fallu recommencer toute la besogne de la journée.

En outre, l'heure avait marché ; l'ombre grise s'était changée en ombre noire ; la nuit se faisait encore une fois l'auxiliaire de l'ennemi :

Après avoir réfléchi quelques instants :

— Messieurs, dit l'aide de camp à nos officiers, je dois en toute hâte prévenir mes supérieurs de ce qui se passe sur ce point. Réintégrez vos cantonnements et attendez des instructions. Je ne doute pas que l'on n'ait recours à votre bonne volonté.

— Demain comme aujourd'hui, répondit M. de Vertus, nous sommes à la disposition de l'état-major. Qu'on nous renouvelle l'ordre de dégager M. de Larcinty, et cet ordre sera exécuté *coûte que coûte*.

L'officier tourna bride.

Des murmures avaient éclaté :

Le commandant éleva la voix :

— Silence, et à vos rangs! Ceux qui ne rentreront pas, ce soir, avec moi, ne sortiront pas, demain, avec moi !...

La rumeur s'apaisa comme par enchantement.

On s'aligna.

Un poste de vingt hommes s'embusqua dans une fabrique en face du potager de Béarn [1] afin de surveiller les mouvements de l'ennemi.

Ensuite, nous reprîmes le chemin de Suresnes.

La nuit était venue, opaque, humide et froide. Les bruits de la bataille s'étaient tus. A partir de la Briqueterie, — où se tenait le général de Beaufort avec une partie de la division Courty, — nous assistâmes au spectacle de ce que l'euphémisme en usage baptisait alors : *une retraite en bon ordre.*

La route qui longe la base du Mont-Valérien grouillait de canons, de caissons et de fourgons. L'artillerie, qui n'avait pu aller plus

1. Rapport du commandant de Vertus.

loin et qui se retirait sur le rond-point des Bergères, s'y était enchevêtrée dans un convoi de munitions et de vivres. Les roues de celui-ci s'accrochaient aux roues de celle-là dans un pêle-mêle si serré, qu'un cavalier, un piéton même auraient eu peine à se frayer passage. Les conducteurs des attelages s'apostrophaient avec fureur. C'était un croisement d'ordres, d'appels, de plaintes et de jurons à nous assourdir les oreilles.

Des gardes nationaux, des *lignards*, des mobiles, des zouaves débandés redescendaient vers la Seine en tirant le pied. D'autres, las, étaient couchés ou assis. Des infirmiers en blouse blanche avec le drapeau et la croix de Genève, des chirurgiens à brassards, des frères des écoles chrétiennes, raides dans leur soutane sombre, des cacolets conduits par des soldats du train grimpaient lentement vers la Fouilleuse où l'on avait établi une vaste ambulance. Quand nous nous retournions en marchant, nous voyions de petites lumières sautiller comme des feux follets par devers Garches et Buzenval : c'était l'ennemi qui était en train de relever ses blessés, ses morts — et les nôtres.

Le chalet que les Prussiens avaient commencé d'incendier le matin continuait de brûler *intérieurement :* il ne devait flamber que vingt-quatre heures plus tard. Une nuée de fumée rousse l'enveloppait, qui montait en colonne droite, se décolorait par degrés et finissait par se confondre et par se perdre dans le ciel noir. Au-dessous de nous, nous devinions la Seine — plutôt que nous ne l'apercevions — à la plainte sourde de l'eau contre le pont démoli et le barrage inachevé. Par delà, tout était couleur d'encre. Derrière ce rideau, il nous semblait entendre battre le cœur de Paris et siffler la respiration inégale, haletante et rauque de l'immense ville enfiévrée.

VIII.

LE 20 JANVIER.

Le lendemain matin, lorsque les postes — relevés — de la Fouilleuse et de l'Usine à Gaz eurent renforcé le bataillon d'une centaine d'hommes frais et dispos qui enrageaient de ne pas avoir donné la veille, le commandant, — accompagné du lieutenant Hénault, — se rendit au Mont-Valérien, où il tenait à remettre *en personne* au général Noël le rapport que j'ai consulté plus d'une fois. Ce document, très-minutieux et très-long, dans lequel M. de Vertus déclare « avoir sacrifié la forme concise et militaire pour fournir le plus de détails possibles sur les faits qui s'étaient passés sous ses yeux, » ce document se terminait de cette façon :

« Je manquerais à tous mes devoirs, si je n'appelais, mon général, votre bienveillante attention sur les officiers, sous-officiers et soldats de mon bataillon si cruellement éprouvé.

« J'éprouve un sentiment de fierté légitime à affirmer que tous ont fait admirablement leur devoir : entrain, courage soutenu, observation rigide de la discipline, exécution parfaite des ordres donnés, rien ne leur a fait défaut pour justifier l'opinion que, je le sais, vous avez d'eux.

« J'ai l'honneur de vous recommander particulièrement :

« M. le capitaine Catalan, grièvement blessé au visage, et M. le lieutenant Giroux, qui a les deux jambes emportées. »

De mon côté, dès la première heure, j'expédiais la note suivante à *Paris-Journal :*

« Le bataillon des *Tirailleurs des Ternes,* — francs-tireurs *à la Branche de Houx*, — a subi des pertes considérables dans la journée d'hier.

« Indépendamment d'un grand nombre de volontaires tués, blessés ou disparus, le capitaine de Junnemann et le lieutenant Guillon sont morts à l'ennemi ; le capitaine Catalan a eu la mâchoire fracassée par une balle ; le lieutenant Giroux, les deux jambes amputées par un boulet.

« Nous réclamons la croix pour le lieutenant Giroux et pour le capitaine Catalan.

« Seulement, qu'on se hâte !

« Sinon, au lieu de consoler les derniers moments de deux mourants, cette distinction, si chèrement achetée, n'étoilera que le lit où reposeront deux cadavres. »

Cette note parut le jour même...

Mais la croix ne vint pas, — ce jour-là, ni les jours suivants...

Et, après soixante heures de tortures inouïes, le lieutenant Giroux expirait, à vingt-huit ans, sans avoir vu arriver jusqu'au matelas d'hôpital — sur lequel son corps mutilé gisait dans un bain de sang — ce brimborion d'or et d'émail qu'il appelait de toute sa voix, de toute son âme, dans le délire de l'agonie, et qui venait en cet instant, à la confortable ambulance du Théâtre-Français, adoucir les souffrances suprêmes du comédien Didier Séveste et du pianiste Joachino Pérelli !...

Cet étranger et ce jeune homme étaient sans doute non moins vaillants, non moins mourants...

Ils furent mieux appuyés et plus favorisés, voilà tout.

Le capitaine Catalan, ce vieux soldat, qui comptait cinquante-deux années de campagne avant de s'engager chez nous, — n'eut pas davantage l'honneur d'accrocher à sa boutonnière le ruban rouge qui s'étale sur la poitrine de tant de gratte-papier des bureaux, de tant de gratte-cul des antichambres.

Où chercher l'explication de cette parcimonie de récompenses ?

On la trouverait peut-être dans cette opinion, — aussi nette que brève, — formulée à notre endroit par un officier général, qui, cependant, — j'espère le prouver tout à l'heure, — n'appliquait pas à la totalité du bataillon une expression issue sans doute d'un moment de mauvaise humeur :

— Intrépides, infatigables, irrésistibles; mais si *voleurs!...*

On voit que nous ne mâchons pas le mot.

C'est pour cela que nous ne pouvons nous décider à l'avaler.

Examinons un peu, — beaucoup, — mais pas passionnément du tout, — ce qui était de nature à motiver la boutade du général

Dans le courant d'octobre 1870, nous relevions à Nanterre un bataillon de gendarmerie départementale et un bataillon de mobiles.

De Nanterre, notre action rayonnait sur

Rueil. A Rueil, nos grand'gardes et celles de l'ennemi commandaient les deux extrémités opposées de la ville. Le milieu était, en quelque sorte, un terrain neutre pratiqué tour à tour par nos patrouilles, par nos reconnaissances, et par celles des Allemands.

Or, le 20 décembre, la note suivante paraissait dans le *Gaulois :*

« On nous écrit de Rueil que cette ville n'a pas eu trop à se plaindre jusqu'ici de la présence des Prussiens, mais qu'il n'en est pas de même des francs-tireurs qu'on accuse d'avoir complétement dévalisé plusieurs maisons, notamment celle de M. Jules Favre, qui a beaucoup souffert de leur visite. »

M. de Vertus répliqua à cette note par une lettre ainsi conçue :

« Monsieur le rédacteur en chef du *Gaulois,*

« Vous avez publié, dans l'un de vos derniers numéros, un article qui tend à incriminer la conduite du bataillon que j'ai l'honneur de commander.

« J'ai déjà eu l'occasion de répondre par un démenti formel aux insinuations de votre correspondant.

« J'affirme que, si des maisons ont été pillées dans Rueil, ces déprédations ont pour auteurs les habitants actuels de cette localité.

« Plus particulièrement, j'ai visité la propriété de M. Jules Favre : rien, absolument rien n'y a été dérangé. »

Cette lettre valut à M. de Vertus huit jours d'arrêts *de rigueur*, « pour avoir fait insérer, sans autorisation, un écrit ayant trait aux choses militaires et avoir faussement accusé d'intelligence avec l'ennemi une population placée sous le commandement supérieur du général chargé de surveiller la zone du Mont-Valérien. »

Faussement ?...

Le général le croit. Je m'incline devant sa conviction. Il est évident que tous les habitants de Rueil ne sauraient pas plus avoir été les espions des Allemands que tous les francs-tireurs, sans exception, ne se sont montrés ivrognes, indisciplinés et pillards [1].

Il ne me paraît pas, toutefois, hors de propos de définir ici de quoi se composait cette population innocente.

1. Hélas ! il y avait alors ce que j'appellerais volontiers les espions sans le savoir.

Je connaissais un ancien négociant fort à l'aise, lequel s'était retiré des affaires dans une villa où s'installa l'état-major d'une division bavaroise, entre Bougival et Chatou. Notre propriétaire commença par faire contre

On appelait *goujats*, au moyen âge, les marchands, vivandiers et valets qui grouillaient à la suite des armées et qui tiraient leur existence d'icelles.

Paris a ses *goujats* autour de ses murailles. Cafés, guinguettes et cabarets foisonnent dans la banlieue. Tonnelles et crincrins! Vins de campêche et lapins de gouttières! Ripailles du dimanche et du lundi!

Toutes ces industries vivent du Parisien.

Or, le Parisien faisant défaut pendant le

mauvaise fortune bonne mine ; puis, il s'habitua peu à peu à ses hôtes ; à la longue, il finit par ne plus pouvoir s'en passer. Les Bavarois lui laissaient faire de fréquents voyages à Paris. Un jour, comme je lui refusais le passage dans nos lignes et comme je lui reprochais vivement l'anti-patriotisme de sa conduite :

— Que voulez-vous? me répondit-il, ces Allemands du sud sont si doux, si prévenants, si aimables! Ils ne m'empêchent pas d'aller où bon me semble, — à Paris même, quand ça me plaît...

— Parbleu!... Et vous leur rapportez, je parie, les nouvelles et les journaux!...

— Il faut bien causer. Moi, d'abord, j'aime à causer. Et puis, ils me traduisent les feuilles de leur pays. Une politesse en vaut une autre.

On en a fusillé de plus méchants...

De plus bêtes, jamais!

siége, on se rattrapait sur l'Allemand. Car les *goujats* étaient restés dehors. Il fallait bien *faire du commerce!*

L'Allemand payait. Cela suffisait. On avait pour lui des égards. Aubergistes, restaurateurs, limonadiers, marchands de vin se seraient plutôt fait hacher que de lui procurer le moindre désagrément. Un client, c'est sacré, d'abord!

A Rueil, sitôt la nuit close, l'ennemi se glissait dans l'ombre, en tapinois, vers des maisons hospitalières. Des cabarets sournois s'entr'ouvraient; la broche tournait; les bouchons sautaient...

Durant ces bombances, le *patron* et la *patronne* de l'établissement veillaient paternellement à ce que les consommateurs ne fussent point dérangés. Un cordon de védettes *civiles* entourait le vide-bouteilles. Des yeux de lynx épiaient tous nos mouvements. Un système de signaux avait était organisé...

Qu'une de nos patrouilles s'avançât, une lumière brillait ou s'éteignait soudain, une persienne s'ouvrait ou se fermait, une vieille femme toussait, un enfant geignait, un chien aboyait [1]...

1. Voir la note IX.

Voilà l'ennemi envolé par des portes de derrière dont on lui avait livré la clef ou par des ruelles[1] dont on lui avait enseigné les détours. Nous accourions. On nous disait :

— Que diable! il fallait venir cinq minutes plus tôt! *Ils* étaient ici une dizaine. Voici leurs verres à demi pleins et leurs chaises encore en place. Nous nous disposions à aller vous querir.

Aller nous querir !...

Les bons apôtres!...

Bienheureux quand ils ne nous tiraient pas dessus pour nous empêcher de tomber au milieu des ripailles de leurs hôtes!

Quoi d'étonnant que les nôtres aient, parfois, malmené une population dont l'esprit d'hostilité était si facile à deviner et qui nous en donnait souvent les preuves[2] les plus significatives?

Quoi d'étonnant que l'on ait volé du vin à

1. Voir la note X.

2. Un de nos francs-tireurs rudoyait un gamin de Rueil. Celui-ci fait cette réflexion :

— Ah! ma foi, les Prussiens sont plus gentils que vous!

— Les Prussiens! tu les connais donc?

— Si je les connais! papa m'envoie tous les jours leur porter la soupe à la Malmaison.

des gens qui refusaient de nous en vendre pour le prodiguer aux Prussiens, et que des caves aient été forcées par de pauvres diables qui ne s'étaient peut-être habitués à boire que parce qu'il leur avait fallu se déshabituer de manger ?

Quoi d'étonnant que des matelas, des meubles, des objets de literie aient été enlevés dans des maisons abandonnées, quand, depuis le commencement de la campagne, la majeure partie de nos hommes couchait sur la planche, la paille ou la terre nue [1] ?

Oui, certes, il se commit, dans la zone de Nanterre-Rueil, des actes de pillage répréhensibles, absurdes, inqualifiables ! Oui, il y avait, hélas! plus d'un coquin dans nos rangs! Oui, l'autorité militaire dut sévir. Oui, le général Noël eut raison d'écrire à notre commandant :

« J'épurerai votre bataillon. *J'en fais trop grand cas pour laisser des misérables au milieu des braves gens qui le composent.* »

Et plût au ciel que le général eût « épuré » le

1. A Nanterre, dans les carrières, une de nos compagnies couchait littéralement dans du fumier. Pourtant la paille abondait dans toutes les écuries de la localité. Force nous fut de la réquisitionner. On refusait de nous la vendre.

bataillon comme Tarquin jadis « épura » son jardin !

Mais pourquoi faire des corps-francs un troupeau de boucs émissaires ?

D'autres troupes que la nôtre, par exemple, occupèrent les abords du Mont-Valérien. Je ne veux accuser personne. Mais qu'il me soit permis de reproduire ici deux faits dont je garantis l'authenticité absolue :

Un matin, à Nanterre, je me rencontrai avec une douzaine de mobiles d'un bataillon chargé d'opérer sur le même terrain que nous. Tous avaient pour cravate, pour cache-nez, pour ceinture, — voire pour mouchoir de poche, — de superbes morceaux de satin *bouton d'or*. Surpris de la nuance et de la qualité de ces singuliers objets de petit équipement, je leur en demandai la provenance. Les gars me répondirent tranquillement qu'ils venaient de tailler en plein dans le meuble de salon d'une villa des environs. Rideaux, tentures, canapés et fauteuils, tout y avait passé. « *C'est doux à la peau et joli à l'œil,* » disaient-ils. J'ai encore en ma possession quelques-unes de ces épaves. Elles furent laissées à notre ambulance par un de ces *moblots* que ma femme y soigna et qui y mourut de la fièvre typhoïde au commencement de janvier.

Dans ce mois de janvier, le 18, veille de l'affaire de Montretout, Auvigne, — un de nos camarades, qui possédait à Puteaux une petite propriété, — voyant un régiment de garde nationale se cantonner dans cette localité, apposa sur sa porte l'affiche que voici :

« *Prière aux citoyens qui séjourneront dans cette maison de n'y commettre aucun dégât. Elle appartient à un franc-tireur qui combat comme eux, en ce moment, pour la défense de Paris.* »

Trois ou quatre jours plus tard, Auvigne retourna à Puteaux...

Et s'il y retrouva les murs de sa maison, ce fut, — tout simplement, — parce que les « citoyens » n'avaient pas pu les fourrer dans leurs sacs.

. . . .

. . . .

IX.

FIN DU CAS DE M. DE LAREINTY.

Au Mont-Valérien, M. de Vertus apprit du général Noël que les prévisions de ceux des nôtres qui avaient accompagné M. de Lareinty s'étaient fatalement réalisées. La maison Zimmermann était cernée. Le général tenait cette nouvelle d'un aumônier, qui, à raison de son caractère, avait pu arriver jusque dans le voisinage et y causer avec un officier prussien, lequel lui avait affirmé que les mobiles de la Loire-Inférieure et leur commandant étaient aussi bloqués que possible et que l'on comptait sur la faim pour les obliger à se rendre. M. de Vertus s'empressa de proposer à son interlocuteur d'envoyer une reconnaissance pour s'assurer du fait. Le lieutenant Hénault s'offrit pour la diriger. Il partit. Dans la journée, le général s'enquit, à différentes reprises, et de la façon la plus pressante, du résultat de cette tentative. J'ai ses télégrammes [1] sous les yeux.

Malheureusement, il ne fut pas possible à M. de Vertus de lui répondre. Il avait été mandé chez le commandant en chef de la troisième armée. Celui-ci, —le général Vinoy,— fit à M. de Vertus un excellent accueil :

— Mon cher commandant, lui dit-il, je vous ai fait appeler pour vous féliciter, d'abord, de la conduite de votre bataillon. Il a été superbe hier. Je ne négligerai pas d'en parler au général gouverneur de Paris...

Notre chef s'inclina :

— Merci de ces paroles flatteuses, mon général. Elles seront transmises par la voie de l'ordre à mes volontaires dont elles éperonneront le zèle comme elles me comblent de plaisir et de fierté...

— C'est à ce zèle, commandant, que je m'adresse de nouveau. Vous n'ignorez pas que M. de Lareinty est malheureusement demeuré

1. Voir la note XI.

à Saint-Cloud : croyez-vous qu'il soit possible de le dégager? Je sais que, hier soir, il n'a pas dépendu de vous de tenter un effort dans ce sens...

— Les tirailleurs des Ternes seront enchantés, mon général, que vous vouliez bien les choisir pour cette périlleuse, mais glorieuse opération.

— Connaissez-vous suffisamment les localités? Désirez-vous en étudier le plan?

— Inutile : ce plan est gravé dans la tête de chacun de mes hommes.

Le commandant en chef de la troisième armée poursuivit au bout d'un moment :

— Noël est d'avis que la chose ne doit avoir lieu que cette nuit...

— Le plus tôt serait le mieux, répondit M. de Vertus. Seulement, je prendrai la respectueuse liberté de vous faire remarquer que les forces qui entourent M. de Lareinty sont, pour le moins, quatre ou cinq fois plus nombreuses que celles dont je puis disposer...

— Vous serez appuyé par des troupes régulières. Indiquez-moi vous-même celles par lesquelles vous pensez devoir être secondé le plus efficacement...

— Mon général, je n'ai besoin que du 135e

de marche; c'est M. Viel qui le commande; il se trouve au Mont-Valérien...

— Soit : le 135e de marche et son commandant se mettront à votre disposition...

— Pardon, mon général : M. le chef de bataillon Viel est mon ancien, mon supérieur. Je ne puis qu'être honoré en restant sous ses ordres...

— Bien, très-bien; vous arrangerez cela entre vous. En attendant, allez faire vos préparatifs. Vous partirez à neuf heures.

Rien ne saurait donner l'idée du ravissement de nos francs-tireurs, lorsqu'ils apprirent qu'on allait *repiquer*. Plus d'un y laisserait sa peau, soit; mais on vengerait Giroux, on vengerait de Junnemann, on vengerait Guillon, — et les autres aussi : les obscurs, les inconnus. Chacun se mit à aiguiser sa *fourchette* et à bourrer sa cartouchière en chantant ce refrain d'un gavroche du bataillon :

Moi, tout c' que j' demande.
En bouffant du chien,
C'est d' manger d' la viande.
D' la viande de Prussien !

En attendant, on avait évacué Giroux sur Beaujon. Le cadavre du capitaine de Junnemann était étendu sur un lit, à l'ambulance, avec trois trous rouges dans le front, si régulièrement espacés, qu'on aurait cru que l'intervalle en avait été mesuré au compas. Quant à Guillon, ç'avait été une rude besogne que d'annoncer, la veille, au retour, à sa pauvre chère petite femme qu'elle ne le reverrait plus jamais!

J'ai retrouvé Mme Guillon, le 19 janvier 1872, — dans l'église de Saint-Cloud [1] où, tous les ans, nous venons prier pour nos malheureux camarades. Comme en 1870, le temps était triste et gris. L'averse clapotait dans la fange. Après la messe, étant montés à Montretout, nous aperçûmes des points sombres qui se mouvaient lentement, çà et là, aux environs de la redoute...

C'étaient des femmes en robes de deuil...

Plusieurs traînaient une famille accrochée aux lés de leur jupe...

D'autres portaient une couronne d'immor-

1. Qu'il me soit permis de remercier publiquement ici M. le curé de Saint-Cloud de la bienveillance et du désintéressement qu'il n'a jamais manqué de nous témoigner, chaque fois qu'il s'est agi de célébrer le funèbre anniversaire du combat de Montretout. Le bataillon prie, par ma plume, ce digne ecclésiastique d'agréer l'expression de sa plus sincère gratitude.

telles, — un bouquet, — un brin de fleurettes...

Toutes marchaient la tête basse, — sans conscience du froid, de la pluie, des verrues et des rides de la boue, — cherchant la place où, l'année précédente, l'époux s'était couché pour ne plus se relever...

Elles cherchaient...

Et comment trouver ?...

En cette journée dont le soleil, après s'être levé dans la victoire, s'était couché dans la défaite, avait-on eu le temps de ramasser tous les morts, et l'ennemi n'avait-il pas enfoui les ôtres, pêle-mêle avec les siens, dans des tranchées aussitôt comblées et, partant, absolument disparues ?...

Si bien que les veuves des martyrs de Montretout n'ont pas même l'indice d'une fosse commune sur laquelle elles puissent faire agenouiller leurs enfants !...

. . . .

. . . .

Entre huit et neuf heures du soir, comme il se disposait à retourner chez le commandant en chef de la troisième armée, pour recevoir ses derniers ordres, M. de Vertus fut avisé qu'une dépêche du Mont-Valérien rendait le général Vinoy fort perplexe à l'endroit de l'expédition projetée. Cette dépêche mandait en substance :

« Que le général Noël avait, depuis le matin, recueilli des renseignements assez contradictoires sur la situation de M. Lareinty ; qu'un sous-officier de mobiles, qui accompagnait l'aumônier dont il a été question, avait été interrogé et n'avait pu préciser si c'était bien dans la maison Zimmermann qu'on pourrait retrouver le chef du bataillon de la Loire-Inférieure ; que rien ne prouvait que celui-ci ne fût pas déjà prisonnier, puisque l'on n'avait entendu aucune espèce de fusillade. » Dans cette pièce, enfin, dont l'*appendice* de l'ouvrage du général Vinoy vous offrira le texte exact, M. le général Noël, paraissant revenir sur son opinion première, estimait qu'une tentative comme celle que nous étions prêts à faire était « une opération bien délicate, dans un terrain aussi accidenté, la nuit, avec Montretout sur sa droite. »

Cependant le lieutenant Hénault était de retour.

Après avoir ramassé les trainards rencontrés sur sa route, il avait poussé une pointe assez avant dans Saint-Cloud.

Cet énergique officier avait même fait tout ce

qui était humainement possible pour arriver jusqu'à la maison Zimmermann.

Mais le moyen avec trente hommes de traverser toute une armée!

Pour nous, nous étions résolus à risquer l'aventure, — et, déjà, nous prenions nos rangs, quand une estafette survint :

— Où est le commandant des francs-tireurs ?

— Me voici. Qu'y a-t-il ?

— Dépêches de l'état-major.

M. de Vertus parcourut rapidement les papiers qu'on lui apportait. Puis, se tournant vers nous :

— Mes enfants, allons nous coucher. Inutile de nous déranger. Nous arriverions trop tard.

En effet, la première dépêche était ainsi conçue :

« *Général Noël à commandant de Vertus à Suresnes.*

« Mont-Valérien, 20 janvier 1871,
8 h. 35 m. du soir.

« Je reçois à l'instant par le nommé François Bruninkx, gardien au château de Puteaux, une lettre du commandant de Lareinty qui me prévient que, cerné par des forces supérieures, il a été obligé de se rendre. L'expédition projetée pour ce soir n'aura donc pas lieu. Je préviens le général Vinoy. »

Le second télégramme émanait de ce dernier[1] et confirmait la nouvelle. Il ajoutait que Bruninkx, ayant suivi le bataillon de la Loire-Inférieure en qualité d'ambulancier, après avoir été emmené jusqu'à Ville-d'Avray, avait été, grâce à son brassard, reconduit de poste en poste jusqu'à Montretout et là remis en liberté. Comme le lieutenant Hénault, cet individu avait constaté à Saint-Cloud la présence d'une masse de troupes.

Trop tard! Il était trop tard!...

Les hommes se rongeaient les poings de rage. Ils ne décolérèrent pas de la nuit. Pour les consoler quelque peu, il ne fallut rien moins que *l'ordre* suivant, lu, le lendemain, dans chaque compagnie, à l'appel du matin :

« Le commandant, en raison de la belle conduite du bataillon, lève toutes les punitions antérieures à l'affaire du 19 janvier, à l'exception de celles qui résulteraient d'une faute justiciable du conseil de guerre.

« Il porte, en même temps, à la connaissance de ses camarades qu'il a reçu de toutes

1. Voir la note XII.

parts les compliments les plus flatteurs pour la bravoure du bataillon et les témoignages des plus sympathiques regrets pour les pertes qu'il a subies. »

Les six tirailleurs, dont j'ai cité les noms plus haut et qui avaient accompagné M. de Lareinty, furent envoyés à Versailles, puis internés, comme prisonniers de guerre, à Corbeil, d'où deux d'entre eux parvinrent à s'échapper et d'où les quatre autres allaient être expédiés en Allemagne, quand la signature de la paix les rendit, — heureusement, — à leurs familles, à leurs amis.

ÉPILOGUE.

LA DERNIÈRE GARDE.

---

29 Janvier 1871.

La journée du 29 janvier se leva froide, humide et morne. Nous étions de grand'garde à la Fouilleuse, une ferme assez considérable, placée en sentinelle perdue entre nos lignes, à l'ouest de Paris, et celles des Prussiens, qui, après l'affaire du 19, avaient réoccupé la Malmaison et Montretout. Autour de nous, l'horizon amolli, détrempé par la neige et la pluie, semblait pétri d'eau et de fange. La clarté trouble d'une matinée d'hiver tombait sur cette immensité boueuse d'un ciel,—couvert de nuages bas et rampants, — qui avait la même teinte sale que la terre.

Depuis la veille, on n'entendait plus le canon. Le bombardement s'était tu. Les obus du Mont-Valérien avaient pareillement cessé de cravacher l'air en passant au-dessus de nos têtes. Ce silence, après les formidables duels d'artillerie des jours précédents, avait quelque chose d'insolite et d'effrayant. Il intriguait, il inquiétait nos hommes. Ceux-ci se regardaient avec des yeux anxieux...

Est-ce qu'on aurait négocié?...

Allons donc ! — Impossible! — On se rappelait les fières paroles :

— *Pas un pouce! Pas une pierre!... — Le gouverneur de Paris ne capitulera jamais !...*

Car, oubliés que nous étions aux avant-postes, nous ignorions encore que Trochu venait de rejeter sur les épaules d'un autre le fardeau du commandement, de la responsabilité, et Jules Favre de pleurer sur les bottes de nos vainqueurs ses dernières larmes... de crocodile !

Vers onze heures, un appel de trompette retentit du côté de l'ennemi : la sonnerie des parlementaires. Notre clairon répondit, et le lieutenant de Curty s'en fut à l'avancée. Un officier prussien marchait vers nous, précédé d'un soldat porteur d'un fanion blanc. Quand il fut près du lieutenant, il s'arrêta et demanda :

— S'il vous plaît, qui est ici le chef?

— C'est moi, répondit de Curty en démasquant les galons que recouvrait sa peau de mouton.

L'Allemand porta aussitôt la main horizontalement à la hauteur de sa casquette :

— Monsieur, poursuivit-il, vous savez sans doute qu'en vertu d'un armistice signé hier, nous devons, ce matin, prendre possession du Mont-Valérien et des postes qui en dépendent. En conséquence nous venons vous relever...

— Monsieur, répliqua le lieutenant de Curty, aucune notification de ce fait ne m'a été transmise par mes supérieurs...

Le parlementaire insista :

— Cette notification ne peut manquer de vous parvenir avant midi. Permettez, je vous prie, au général qui me suit, ainsi qu'à son état-major, d'en attendre l'effet à l'intérieur de la Fouilleuse...

De Curty tira sa montre :

— Soit, fit-il. Venez, messieurs. Mais je vous préviens que si, à midi précis, je n'ai pas reçu l'ordre que vous m'annoncez, j'aurai l'honneur et le regret de vous considérer comme mes prisonniers.

L'Allemand s'inclina en manière d'assentiment...

Le soldat qui l'accompagnait fit un signal avec son fanion...

A l'instant, un groupe de cavaliers débusqua d'un pli de terrain derrière lequel il s'abritait et se dirigea rapidement vers la ferme, où il fut introduit et où il mit pied à terre au milieu de nous...

C'étaient un général, — le général Kirckback, je crois, et une demi-douzaine d'aides de camp et d'officiers d'ordonnance : tous propres, corrects, épanouis, — le lorgnon sur le nez et le cigare aux lèvres, — brossés, peignés, frisés, gantés, comme pour la parade ou le bal, — avec des uniformes bleu de ciel à parements noirs ou verts à liserés jaunes, des épaulettes de cuivre doré, de longs sabres d'acier bruni et de hautes bottes éperonnées, dont pas une seule tache de boue ne mouchetait le cuir luisant. Ils *avaient fait des frais* pour nous, — et aussi, hélas! pour la victoire.

Quel contraste avec nos volontaires, — maigres, hâves, dépenaillés, farouches, sous leurs vareuses en loques, leurs guêtres blindées de crotte et leurs feutres convertis en amadou par l'averse!...

Très-*gentlemen*, du reste, ces Borusses, très-polis, cherchant à lier conversation et parlant le français en anciens invités des fêtes des Tuileries et de l'Hôtel de Ville et en ex-habitués des cabinets particuliers du café Anglais et de la Maison-d'Or. L'un d'eux s'informa :

— Vous êtes des gardes nationaux, messieurs?

— Nous sommes des francs-tireurs, riposta un de nos hommes.

Le questionneur salua :

— Ah! vous nous avez fait du mal, — beaucoup de mal.

— *Pas assez!* grogna l'homme en lui tournant le dos.

Un autre offrait des cigares à notre lieutenant...

— Merci, je ne fume pas, répondit celui-ci, qui avait une pipe allumée à la bouche.

L'Allemand sourit.

— Vous avez tort de refuser : ces londrès sont excellents. Je les prends près de l'Opéra, chez une demoiselle qui a joué autrefois la comédie aux Variétés.

Un troisième, avisant un de nos camarades extraordinairement chaussé d'une magnifique paire de bottes en maroquin rouge, s'exclama avec surprise :

— Mais ce sont là les bottes d'un de mes amis du 2e régiment de Silésie! Comment vous les êtes-vous procurées ?

— A la pointe de ma baïonnette! repartit le camarade en faisant un geste énergique.

Cependant, le temps s'écoulait.

Comme le lieutenant consultait sa montre, un volontaire nous arriva, tout courant, de Suresnes. Il apportait une dépêche[1]. Notre officier la lut et fronça le sourcil. En ce moment, notre cuisinier sortait de la ferme en criant :

— Mes enfants, voilà le potage!

Le lieutenant lança un violent coup de pied dans la marmite...

— Pourquoi renversez-vous cette soupe ? — interrogea le général en voyant le bouillon, — de cheval, — répandu.

— Parce que nous en avons trop!

Puis, notre officier commanda :

— Sac au dos! A vos rangs! En route!

. . . .

Une demi-heure plus tard, ayant rallié le bataillon, nous suivions le quai de Suresnes,

1. Voir la note XIII.

l'arme sous le bras, comme à l'enterrement. Nos pieds clapotaient dans le cloaque qui nous tirait invinciblement. On aurait dit qu'elle cherchait à nous retenir, cette terre que nous avions défendue en désespérés et sur laquelle tant des nôtres étaient tombés pour la patrie!...

Du rond-point de Courbevoie descendaient vers Paris d'interminables files de troupes de toute espèce : *lignards* et *moblots* mêlés, la cavalerie côtoyant l'artillerie, les cacolets et les voitures d'ambulance s'enchevêtrant dans les canons et les caissons. Tout cela, souillé, loqueteux, transi, le chassepot pendant, les mains dans les couvertures ployées en guise de tabliers, les gants fourrés ballottant sur la poitrine. Tout cela désolé, navré, hébété. Parmi les cavaliers, il y avait des manteaux blancs de dragons, des manteaux rouges de cuirassiers et des manteaux bleus de gendarmes, — des lanciers avec des lances sans banderolles et des spahis juchés sur la haute selle arabe, drapés dans leurs burnous et soufflant dans leurs doigts!...

Comme nous approchions du pont de Neuilly, un bruit de fifres et de tambours éclata au-dessus de nous. Ensuite une musique tonna. Ses cuivres, — puissants, — attaquaient le *pas redoublé* de *Guillaume Tell*...

Chacun se retourna, d'un même mouvement, dans la procession funèbre...

Un long serpent de baïonnettes couronnait les sommets que nous venions de quitter et ondulait vers le Mont-Valérien...

Je regardai nos francs-tireurs...

Les uns pleuraient. D'autres grinçaient des dents. Tous avaient le cœur serré et la figure sombre...

C'était fini, — bien fini!...

ÉTAT NOMINATIF

des

OFFICIERS, SOUS-OFFICIERS, CAPORAUX,

CLAIRONS ET VOLONTAIRES

qui ont été inscrits au bataillon

des

TIRAILLEURS DES TERNES

ou francs-tireurs à la Branche de Houx.

ÉTAT-MAJOR.

---

ajor-commandant. .	De Vertus (Louis-Édouard), ancien sous-officier aux 13e et 16e bataillons de chasseurs à pied et au 3e régiment de voltigeurs de la garde.
ieutenant-Trésorier.	Cabaud, ancien comptable des équipages de la flotte.
ieutenant d'habillement.	Guillon, tué à l'ennemi le 19 janvier.
umônier.	Chessé (l'abbé) 1.
hirurgien-major. . .	Leguillou (Élie-Jean-François), chirurgien de marine en retraite, officier de la Légion d'honneur, cinquante-deux années de campagnes

1. Voir la note XIV.

Aide-major . . . . . . Martin (André).

Adjudant sous-officier. Bardet, ancien sous-officier d'infanterie, médaillé.

Sergent-secrétaire du commandant . . . . Mahalin (Paul).

Sergent-secrétaire du trésorier . . . . . . Ledur 1.

AMBULANCES.

Mesdames De Vertus. Mesdames Paul Mahalin 2.
— Guillon. — Cabaud.

1. C'est à tort que, dans le chapitre si bienveillant, du reste, qu'il consacre aux *Tirailleurs des Ternes* dans son curieux travail sur *les volontaires de* 1870, M. Edgard Rodrigues désigne M. Eugène Diaz comme *sergent-secrétaire du lieutenant trésorier*. M. Eugène Diaz a été — simplement — sergent *honoraire* à la section *hors rang*.

2. Le courage et le zèle de nos dames ambulancières ont été plus d'une fois publiquement loués par M. l'inspecteur général baron Larey. Deux d'entre elles, — mesdames De Vertus et Paul Mahalin, — ont reçu une croix de bronze de la *Société de secours volontaire aux blessés*.

1re COMPAGNIE.

NOMS.	GRADES dans la compagnie.	OBSERVATIONS.
Catalan (Pierre)..	Capitaine.	Ancien adjudant de place, médaillé 1.
Gallon..........	Lieutenant.	Ancien sous-officier d'infanterie, médaillé.
De Curty.......	Sous-lieutenant.	
Treshardy.......	Sergent-major.	Médaillé au bataillon.
Poupard.........	Fourrier.	
Cattin...........	Elève fourrier.	Blessé à l'ennemi.
Foix............	Sergent.	
Fuzin...........	Id.	
arry............	Id.	
Pennelier........	Id.	
Abazaër....... .	Caporal.	Blessé. Le caporal Abazaër, Circassien d'origine, avait été naturalisé Français, à titre de *récompense nationale*, par le gouvernement provisoire, en 1848.
Baracan.........	Id.	
Andrès..........	Id.	Blessé à l'ennemi.
Malchaussée.....	Id.	
Gilbert........ .	Id.	

1. Voir la note XV.

NOMS.	GRADES dans la compagnie.	OBSERVATIONS.
Dumagny........	Volontaire.	
Forceville........	Id.	
Chusseau........	Id.	Blessé, le 21 octobre, au combat de la Jonchère.
Beaudoin.........	Id.	
Regnauld	Id.	
Thomas.........	Id.	
Raffin............	Id.	
Debeauce........	Id.	
De Saint-Senocque	Id.	
Schill...........	Id.	
Lombard.........	Id.	Blessé à l'ennemi.
Artaud	Id.	
Barthélemy.......	Id.	
Duvandier.......	Id.	Blessé à l'ennemi.
Glorion père.....	Id.	
Steiffel...........	Id.	Disparu.
Fièvet	Id.	Blessé à l'ennemi.
Manoury.........	Id.	Id.
Solmon..........	Id.	Id.
Wattremez	Id.	
Godin	Id.	
Depolli..........	Id.	Blessé à l'ennemi.
Coquillon........	Id.	Id. invalide.
Perroude........	Id.	
Lamotte.........	Id.	
Rochette.........	Id.	
De Ferriet.......	Id.	

NOMS.	GRADES dans la compagnie.	OBSERVATIONS.
Larcher..........	Volontaire.	
Martin..........	Id.	
Petit............	Id.	Blessé à l'ennemi.
Zubrecht........	Id.	
Villard	Id.	
Barrère..........	Id.	
Rousseau........	Id.	
Flessinge........	Id.	
Gérard (Jacques).	Id.	Blessé à l'ennemi.
Bonnin	Id.	
Laurent..........	Id.	
Nimesgern.......	Id.	
Boucher	Id.	
Oudinet..........	Id.	
Pottier	Id.	
Merik	Id.	
Michaux.........	Id.	
Doridot..........	Id.	
Devaux..........	Id.	
Diehl............	Id.	
Roth......	Clairon.	
Glorion fils.....	Volontaire.	
Tanzi	Id.	
Bru	Id.	
Berger...........	Id.	
Labart...........	Id.	
Cossin...........	Id.	
Cariot	Id.	

NOMS.	GRADES dans la compagnie.	OBSERVATIONS.
Drismans........	Volontaire.	
Berthemet.......	Id.	
Careau..........	Id.	
Dave............	Id.	
Abraham........	Id.	Pris et fusillé par les Prussiens.
Fuller...........	Id.	
Poîtou...........	Id.	
Baril............	Id.	Blessé à l'ennemi.
Bon.............	Id.	Id.
Guiral..........	Id.	Id.
Daudin..........	Id.	Id.
Larmuziau.......	Id.	Tué.
Créplet aîné......	Id.	
Créplet jeune....	Id.	
Noël............	Id.	
Moreau..........	Id.	
Aubert..........	Id.	Blessé deux fois.
Bonningue.......	Id.	
Bouchard........	Id.	
Delon...........	Id.	
Truffet..........	Id.	
Guntler..........	Id.	
Cornu..........	Id.	
Beaudoin(Charles)	Id.	
Bonnis..........	Id.	
Larchon........	Id.	
Néreau.........	Id.	

NOMS.	GRADES dans la compagnie.	OBSERVATIONS.
Beaudrillard......	Volontaire.	Tué, le 19 janvier, dans le parc Pozzo di Borgo.
Dumourier.......	Id.	
Dossier..........	Id.	
Berton...........	Id.	
Debos	Id.	
Bouché	Id.	
André...........	Id.	Blessé à l'ennemi.
Mollard..........	Id.	Id.
Spiliers.........	Id.	
Schmitt..........	Id.	
Boulay...........	Id.	
Auroux..........	Id.	
Poletta..........	Id.	
Bonnin...........	Id.	
Paillet...........	Id.	
Philippon........	Id.	
Duvinage........	Id.	
Richard..........	Id.	
Baudin...........	Id.	
Breffiel..........	Id.	
Domange........	Id.	
Azer	Id.	
Bourreau	Id.	
Schneberger	Id.	
Reil.............	Id.	Blessé le 19 janvier. — Sujet autrichien, — s'était battu à Sadova.

NOMS.	GRADES dans la compagnie.	OBSERVATIONS.
Picot.	Volontaire.	
Légi.	Id.	
Falconnet.	Id.	
Vasnier.	Id.	Mort.
Neute	Id.	
Quinquet	Id.	
Vanningh	Id.	
Alfieri.	Id.	
Bougot	Id.	
Borrione.	Id.	
Ponney.	Id.	
Cochard	Id.	
Jacquier	Id.	
Tobban.	Id.	Syrien, ex-interprète du consulat de France à Beyrouth.
Bougueran.	Id.	
Dereveaux.	Id.	Blessé à l'ennemi.
Dubois.	Id.	Id.
Denis.	Id.	
Leteurtre	Id.	
Deporte	Id.	
Pierre.	Id.	
Duval	Id.	
Gégard.	Id.	
Devos	Id.	
Dupissot.	Id.	
Darrier.	Id.	
Potier.	Id.	

2e COMPAGNIE.

NOMS.	GRADES dans la compagnie.	OBSERVATIONS.
De Junnemann (E.)	Capitaine.	Ancien officier de cavalerie, — tué le 19 janvier, dans le parc Pozzo di Borgo 1.
Hénault (H.-Ed.)	Lieutenant.	Ancien sergent-major d'infanterie, ex-lieutenant au 17e bataillon de la garde nationale mobile de la Seine.
Audoyer (Pierre).	Sous-lieutenant.	Ancien sous-officier de cavalerie.
Desrats..........	Sergent-major.	Evacué sur l'ambulance le 21 décembre.
Millery..........	Fourrier.	Mort des blessures reçues à l'ennemi, le 6 janvier, à Saint-Cloud.
Duchinsky.......	Elève fourrier.	Passé fourrier.
Moreau........	Sergent	Passé sergent-major.
Bry.............	Id.	
Couturier........	Id.	
Amyot.....	Id.	Médaillé au bataillon.
Sérizot...	Caporal.	
Lefebvre.........	Id.	

1. Voir la note XVI.

NOMS.	GRADES dans la compagnie.	OBSERVATIONS.
Ribe	Caporal.	
Finet	Id.	Blessé à l'ennemi le 19 janvier.
Ducastel	Id.	
Noury	Id.	
Ferrero	Id.	
Beckendorf	Id.	
Bontemps	Clairon.	
Garnaud	Id.	
Boisgard	Volontaire.	
Bavay	Id.	Passé caporal.
Floury	Id.	
Ackaërt	Id.	
Belfoy	Id.	
Bérard	Id.	
Bureau	Id.	
Bouquet	Id.	
Blanchin	Id.	
Chauvière	Id.	
Condoux	Id.	
Dechargnat	Id.	
Delplanque	Id.	
Denisot	Id.	
Martin (Jules)	Id.	
Dibel	Id.	
Morisque	Id	
Mich...	Id.	
Maillard	Id.	

NOMS.	GRADES dans la compagnie.	OBSERVATIONS.
Pracht...........	Volontaire.	
Renard	Id.	Disparu à l'ennemi.
Vallé............	Id.	
Wigner..........	Id.	Décédé à l'ambulance de Rueil, le 31 décembre, à la suite de blessures reçues à l'ennemi.
De Junneman (A.)	Id.	
Baille.......... .	Id.	
Serveaux	Id.	Blessé le 19 janvier.
Jourdain........	Id.	
Handzicker	Id.	Blessé à l'ennemi, le 5 janvier, dans Saint-Cloud, — médaillé au bataillon
Gaume	Id	
Klench	Id.	
Jantzy...........	Id.	
Jolain	Id.	
Durand (Louis)..	Id.	
Grosse	Id.	
Durand (Simon) .	Id.	Disparu à l'ennemi.
Defrance...... ..	Id.	
Legrand	Id.	Passé caporal pour prisonniers faits à l'ennemi.
Dorel........ . .	Id.	
Caubert..........	Id.	
Nicollet..........	Id.	
Martin (Paul).. .	Id.	

NOMS.	GRADES dans la compagnie.	OBSERVATIONS.
Poyet..........	Volontaire.	Disparu à l'ennemi.
Patriarche.......	Id.	
Macia...........	Id.	
Beausseret.......	Id.	
Vavasseur	Id	
Roussel..........	Id.	
Poulnot....... ..	Id.	
Niedzialkowski...	Id.	
Lagache	Id.	
Lemonchois	Id.	
Fouillot........ .	Id.	
Vincent..........	Id.	
Vinatier	Id.	
Biarne...........	Id.	
Monnier.........	Id.	
Badaine..........	Id.	
Dujardin.........	Id.	
Quero...........	Id.	
Billard (Constant).	Id.	
Porchez..........	Id.	
Nivert..........	Id.	
Perrot...........	Id.	
Ménard..........	Id.	Passé sergent.
Guichard	Id.	
Degrumel........	Id.	
Dallemagne	Id.	
Delon...........	Id.	
Regardebas.	Id.	

NOMS.	GRADES dans la compagnie.	OBSERVATIONS.
Clichy...........	Volontaire.	
Ains............	Id.	
Sanson..........	Id.	
Bourgeois........	Id.	Tué à l'ennemi le 19 janvier.
Massy...........	Id.	
Piébout..........	Id.	
Edouard.........	Id.	
Lermite.........	Id.	
Passemiés........	Id.	
Royer...........	Id.	
Benard..........	Id.	Dirigé sur le Mont-Valérien sous la prévention de pillage.
Sellier...........	Id.	Id.
Picq 1...........	Id.	Id.

1. Ces trois hommes sont les seuls qui aient dû être traduits levant un conseil de guerre pour les faits reprochés au bataillon pendant une campagne de cinq mois effectuée dans les circonstances exceptionnelles que l'on sait. Encore deux ont-ils été renvoyés des fins de la plainte.

3e COMPAGNIE.

NOMS.	GRADES dans la compagnie.	OBSERVATIONS.
Giraudier........	Capitaine.	Ancien officier d'infanterie.
Berthoux.........	Lieutenant.	Ancien sous-officier médaillé 1.
Fouillette........	Sous-lieutenant.	
Degroux.........	Sergent-major.	
Chatet...........	Fourrier.	
Mathieu..........	Elève fourrier.	Mort par suite de fatigues.
Bourdelot........	Sergent.	
Fleury..........	Id.	
Pompon	Id.	Médaillé au bataillon.
Remy...........	Id.	
Gitzel	Caporal.	
Desmarets.......	Id.	Passé fourrier, — blessé mortellement le 9 janvier.
Coudere	Id.	
Genillon.........	Id.	
Zubrecht	Id.	
Reille............	Id.	
Tissot...........	Id.	
Quinter..........	Id.	Blessé. Invalide.
Pasquier.........	Clairon.	
Faimot...... ...	Volontaire.	
Dierre...........	Id.	

1. Faisant fonctions d'adjudant-major.

NOMS.	GRADES dans la compagnie.	OBSERVATIONS.
Croisiski........	Volontaire.	
Boïgard..........	Id.	
Klein-Michel.....	Id.	
Lucas............	Id.	
Lerousseau	Id.	
Malfait..........	Id.	Blessé à l'ennemi le 19 janvier.
De Bussy........	Id.	
Fayet...........	Id.	
Feréol..........	Id.	
Fabre (Léon).....	Id.	
Maufange........	Id.	Passé caporal.
Pierrard........	Id.	
Ciocca..........	Id.	
Goujon	Id.	Mort à la suite de blessures reçues à l'ennemi, dans Petit-Bry, le 1er octobre.
Thomas (Henri)..	Id.	
Genty	Id.	
Joannot.........	Id.	
Vermot.....	Id.	
Mouillé.........	Id.	
Boutin (Amédée).	Id.	
Schultz (Antoine).	Id.	
Fontaine........	Id.	
Beaumont........	Id.	
Labarre.........	Id.	

NOMS.	GRADES dans la compagnie.	OBSERVATIONS.
Béonard	Volontaire.	
Bovériot	Id.	
Dumont..........	Id.	
Benoît...........	Id.	
Lehau	Id.	
Delrieux.........	Id.	
Depaillère........	Id.	
Hy...............	Id.	
Bouguenot.......	Id.	
Moreau (Edouard)	Id.	
Gendrons...... ..	Id.	
Hemmens........	Id.	
Drevox..........	Id.	
Schmidt	Id.	
Lambin..........	Id.	
Delanneau	Id.	Passé caporal.
Daulannier.......	Id.	
Fleuret..........	Id.	
Herbin	Id.	
Carret...........	Id.	
Richard (Arsène).	Id.	
Piazza...........	Id.	
Foibbré.........	Id.	
Delaromanichère.	Id.	
Angot	Id.	
Larroux	Id.	
Barret...........	Id.	
Perrinolli........	Id.	

NOMS.	GRADES dans la compagnie.	OBSERVATIONS.
1ondon	Volontaire.	
Iérisson.........	Id.	
'orget	Id.	
;irard..........	Id.	
:hauvière........	Id.	
;odard..........	Id.	
1ativon	Id.	
;imonet	Id.	
3ailly.......	Id.	
'augeron.	Id.	
.acki...........	Id.	
;aucher	Id.	
'igogne.........	Id.	
3ourgeois (Alfred)	Id.	
3ouchesèche	Id.	
Tardy	Id.	
'ondary	Id.	
1ancia	Id.	
1ayer	Id.	
Huguel....	Id.	
'rancart.........	Id.	
Ockolowicz......	Id.	
'oucaud....... .	Id.	
Loison..........	Id.	
Coiffier (Amédée)	Id.	
Bonfils (Charles).	Id.	
Bergey	Id.	
Rodier...	Id.	

NOMS.	GRADES dans la compagnie.	OBSERVATIONS.
Oudart	Volontaire.	
Demonchy........	Id.	
Delon............	Id.	
Rivat............	Id.	
Garnier (Adolphe)	Id.	
Decès	Id.	
De Fère.........	Id.	
Poggiane	Id.	

4e COMPAGNIE.

NOMS.	GRADES dans la compagnie.	OBSERVATIONS.
Darbonneus (Ern.)	Capitaine.	Ancien sous-officier d'infanterie 1.
Giroux (Ernest)..	Lieutenant.	Ancien sous-officier d'infanterie, tué à l'ennemi le 19 janvier.
Billard..........	Sous-lieutenant.	Ancien sous-officier d'infanterie, médaillé.
Gliem...........	Sergent-major.	Id.
Broyes..........	Fourrier.	
Dobiecki........	Élève fourrier.	
Mulot...........	Sergent.	
Bonfils..........	Id.	
Gilbert	Id.	Blessé à l'ennemi le 19 janvier.
Christiaens	Id.	
Durantel.........	Caporal.	Passé sergent.
Garnotel.........	Id.	
Dupuis	Id.	
Levasseur	Id.	Passé sergent.
Desmarets	Id.	
Lanon..........	Id.	Tué à l'ennemi.
Deguersonnière ..	Id.	Passé sergent.

1. Voir la note XVII.

NOMS.	GRADES dans la compagnie.	OBSERVATIONS.
Giroud	Caporal.	
Lagache	Volontaire.	
Dumagny.........	Id.	
Bouché	Id.	
Lelièvre	Id.	
Didier	Id.	
Delmotte.........	Id.	
Redeler..........	Id.	
Cabaut	Id.	
Blanchet.........	Id.	
Martin (Pierre)...	Id.	
Bidart	Id.	Tué à l'ennemi.
Barbier	Id.	
Krasnopolski.....	Id.	
Guerbois.........	Id.	
Quinel...........	Id.	
Bernicol	Id.	
Lebon	Id.	
Loniaux	Id.	
Pierrard	Id.	
Duteil	Id.	
Labat............	Id.	
Jacob............	Id.	
Arragon.........	Id.	
Grès.............	Id.	
Aimé............	Id.	
Thirion aîné.....	Id.	
Rivière..........	Id.	

NOMS.	GRADES dans la compagnie.	OBSERVATIONS.
Thirion jeune....	Volontaire.	
Péraudin.........	Id.	
Coiffier..........	Id.	Passé sergent de tir.
Noël (Jean)......	Id.	
Godreul..........	Id.	
Reisser..........	Id.	
Gobin...........	Id.	
Swillon..........	Id.	
Ribet............	Id.	
Gebhard.........	Id.	
Pointurier.......	Id.	Tué à l'ennemi.
Darche.........	Id.	
Buquet..........	Id.	
Marié....	Id.	Blessé dans le parc Pozzo di Borgo le 19 janvier.
Fleury (Jules) ...	Id.	
Colinet..........	Id.	
Mérot...........	Id.	
Bru.......	Id.	
Moreau (Jean). ..	Id.	
Lelibon...	Id.	
Marty..........	Id.	
Brunelière......	Id.	
Gicou..........	Id.	
Perrin.	Id.	
Fressinge........	Id.	
Pinac...	Id.	
Patrigeon........	Id.	

NOMS.	GRADES dans la compagnie.	OBSERVATIONS.
Ravizza..........	Volontaire.	
Cordier..........	Id.	
Gaultier.........	Id.	
Corion...........	Id.	
Léguillon........	Id.	
Robin............	Id.	
Verien...........	Id.	
Daniel...........	Id.	
Simonin..........	Id.	
Werner...........	Id.	
Bladanet.........	Id.	
Mercier (Louis)...	Id.	
Charbaut.........	Id.	
Marichy..........	Id.	Passé caporal.
Cuny.............	Id.	
Collin...........	Id.	
Foucault.........	Id.	
Marguet..........	Id.	
Gendre...........	Id.	
Slewinsky........	Id.	
Van-Koppenol...	Id.	
Bouché...........	Id.	
Raimbaut.........	Id.	

SECTION HORS RANG.

NOMS.	GRADES dans la compagnie.	OBSERVATIONS.
Cabaud aîné......	Vaguemestre.	Ancien sous-officier d'infanterie.
Diaz.............	Sergent *honor.*	
Dubourg.........	Sergent compt.	
Ollivier..........	Caporal id.	
X................	Caporal armur.	
Jullien	Caporal planton	Mort.
Touraille.........	Id.	
Auvigne	Volontaire.	
Mercier..........	Id.	Mort.
Larivière.........	Cantinier.	
Larivière (femme).	Cantinière.	
Auvigne fils	Enfant de troupe.	

NOTES.

NOTE I.

Cet effectif s'était accru si rapidement, qu'en moins de trois semaines, il était arrivé au chiffre de près de six cents hommes, répartis dans quatre compagnies agencées et administrées à l'instar de celles des bataillons de chasseurs à pied.

Le commandant en avait éliminé avec soin les éléments dissolvants et dangereux. Pour donner une idée de l'esprit d'examen sévère qui présida aux admissions, qu'il me suffise de constater que le nombre des volontaires inscrits, — c'est moi qui étais chargé de ce soin, — s'éleva à plus de dix-huit cents. On tria sur le volet. Douze cents radiations furent prononcées.

Les 1re et 2e compagnies étaient armées de carabines Snyder ; les 3e et 4e reçurent le chassepot.

Manteaux, sacs, toiles et piquets de tente, hachettes, bidons, marmites et tous autres ustensiles indispensables en campagne, rien ne manquait au bataillon. Il avait une section *hors rang* et un atelier d'armurerie. Il possédait, en outre, un double service d'ambulances : ambulance *fixe* à Paris, ambulance *volante* à la suite.

L'ambulance *fixe* était installée rue Demours, dans l'hôtel de M. de Saint-Senoch.

Ce Richard Wallace des Ternes ne se contenta pas de mettre à notre disposition ses magnifiques appartements : il tint encore à pourvoir, jusqu'à la fin de la guerre, à tous les besoins de nos malades et de nos blessés. Sa sollicitude pour nous fut sans bornes. On ne saurait faire preuve d'un patriotisme plus éclairé, plus *libéral*, dans la bonne acception du mot.

L'ambulance *volante* nous accompagna à Nanterre et à Suresnes.

Elle était placée sous la surveillance de l'abbé Chessé, notre aumônier, et de Mme Paul Mahalin.

Nos officiers portaient le sabre d'infanterie, les galons de grade aux parements et aux pattes d'épaulettes de la vareuse, le revolver à la ceinture. Devant l'ennemi, ils prenaient le fusil comme nous. Dans le courant de novembre, le gouvernement leur délivra une *commission* les autorisant à exercer les fonctions auxquelles l'élection les avait appelés. Dès le 15 septembre, chaque volontaire avait été muni d'une carte imprimée et timbrée qui lui reconnaissait le droit de belligérant et la qualité de soldat. On trouvera, à la fin du volume, la teneur de ces différentes pièces.

NOTE II.

Le 24 septembre, un détachement commandé par le lieutenant Darbonnens, — passé, depuis, capitaine, — se dirigeait vers Nogent-sur-Marne, franchissait les lignes et tuait deux hommes aux Prussiens.

Quatre jours plus tard, le 28, on pouvait lire dans les journaux de Paris :

« La 3e compagnie des Tirailleurs des Ternes, — dont fait partie notre confrère Paul Mahalin, — a poussé, sous les ordres du capitaine Giraudier et des lieutenant et sous-lieutenant Darbonnens et Giroux, une reconnaissance entre Rueil et Bougival. Accueillie à coups de fusil par les Allemands, elle a été assez heureuse pour leur mettre hors de combat nombre de fantassins et pour leur démonter plusieurs cavaliers.

« Le général Trochu, en inspection de ce côté, a pu voir nos volontaires à la besogne et leur a adressé les plus cordiales et les plus encourageantes félicitations. »

Le 1er octobre, nous avions notre premier blessé.

Une poignée des nôtres avait passé la nuit, à Petit-Bry, à tirailler avec l'ennemi : à l'aube, comme nous sortions de nos embuscades sans avoir éprouvé la moindre perte, un des plus jeunes de nos camarades, nommé Goujon, reçut une balle qui, après lui avoir traversé le pied droit, lui fit une seconde blessure à l'autre jambe :

— Allons, c'est moi qui étrenne! murmura-t-il en tombant.

Puis, quand on l'emportait, se relevant à demi et se retournant pour montrer le poing aux Prussiens abrités dans leurs cachettes :

— On vous revaudra ça, brigands! s'écria-t-il.

Hélas! le pauvre enfant n'eut pas la consolation de la revanche!

Malgré les soins assidus de nos dames d'ambulance, dont une, entre autres, — Mme Mahalin, — ne le quitta pas d'un moment, il succomba à une attaque de tétanos après d'indicibles souffrances qu'il supporta, du reste, avec un courage, une constance, une résignation héroïques : il avait à peine dix-huit ans!

NOTE III.

Le 12 octobre, dans la matinée, le commandant me dépêcha au général Ducrot. Il s'agissait d'une réclamation qui ne manquait point d'importance. L'intendance refusait de nous délivrer du pain, — ce pain qu'elle prodiguait à bouche que veux-tu à tous les muscadins, les fainéants et les poltrons de ses bureaux.

Le commandant en chef des 13e et 4e corps avait installé son quartier général dans la maison Gillet, à la Porte-Maillot. Le fameux restaurant *nuptial* était devenu le centre d'un fourmillement continuel d'officiers de toutes armes et de tous grades, de plantons apportant ou emportant des ordres et de paysans désireux d'obtenir des laisser-passer pour aller au delà du pont de Courbevoie, alors tête de ligne et sévèrement gardé par la gendarmerie. Le peloton d'escorte avait ses chevaux au piquet sous un hangar en planches ouvert à tous les vents contre la grille d'octroi du Bois. Plus loin, sous le marché couvert de Sablonville, bivouaquait un détachement des éclaireurs de Franchetti. L'avenue de la Grande-Armée filait, ensuite, droite comme un alexandrin classique, dans un lointain froid et brumeux. De monstrueuses barricades la bosselaient çà et là, et des bâtisses vides la bordaient, dont on avait fait des cantines, des casernes et des blockhaus.

Le long de cette large voie, c'était un va-et-vient incessant de *moblots*, de canons, de cavaliers et de voitures de toute espèce, — depuis le mirliflor de l'état-major au dolman garni d'astrakan, à la botte molle reluisant comme un miroir, le monocle à l'œil et le londrès au bec, jusqu'au cuirassier sans cuirasse, enseveli dans son manteau gris, le bonnet de police enfoncé sur les oreilles et le fourreau de la latte battant la basane du pantalon, — depuis la charrette du maraîcher rentrant une douzaine de choux et quelques boisseaux de pommes de terre, jusqu'au fourgon des ambulances, avec son drapeau blanc écartelé de la croix rouge de Genève et sa cargaison de « charcutiers » à brassards et à lunettes.

A l'intérieur de l'établissement Gillet, les escaliers qu'effleurait autrefois le mignon soulier de satin des mariées et qu'emplissaient de leurs froufrous les robes de gala des belles invitées, sonnaient sous le fracas des sabres et des talons éperonnés. Les ordonnances du général campaient sur les fourneaux éteints. Dans le salon *de cent couverts*, sur la table à rallonges des festins du dieu Hymen, une grande carte était étalée. Un personnage à figure énergique, avec un veston bleu fourré et des houseaux de cuir fauve, mouchetés de boue, qui lui montaient jusqu'à mi-cuisse, se promenait autour de cette table, dictant des phrases courtes et hachées à trois ou quatre secrétaires qui écrivaient sur leurs genoux. Par intervalles, il s'arrêtait et se penchait sur la carte... — Ce personnage était le général Ducrot.

Comme je pénétrais dans le vestibule, le général Appert me barra le passage :

— Où allez-vous ? me demanda-t-il brusquement. Le général travaille. Expliquez-moi ce qui vous amène...

Je lui contai ce dont il était question.

Le général haussa les épaules :

— Attendez un moment, fit-il... Je vais arranger l'affaire...

Il entra dans la salle. A travers la porte vitrée, je le vis qui causait avec le commandant en chef. Puis, il se mit à écrire sur un coin de la table. Puis encore, il revient à moi, un papier à la main :

— Voici, me dit-il, une attestation grâce à laquelle, je l'espère, ces messieurs du Palais-Royal (l'intendance avait alors son siége dans les bâtiments de la rue de Valois) ne vous lésineront plus des vivres que vous gagnez si bravement...

Et il me lut la pièce suivante :

« *Le général commandant en chef les 13e et 14e corps d'armée certifie que le bataillon des Tirailleurs des Ternes a fait plusieurs sorties sous ses ordres dans la direction de la Malmaison, dans la presqu'île de Gennevilliers, du côté de Bezons et de Carrière-Saint-Denis, et qu'il a toujours été entièrement satisfait de la bonne tenue, de la bonne volonté, de l'entrain et de l'énergie des hommes de ce bataillon qui ont rendu de véritables services aux avant-postes.*

« *Par ordre du général en chef,*

« *Le général chef d'état-major,*

« APPERT.

« *Neuilly, — Porte-Maillot, — 12 octobre 1870.* »

— Eh bien, êtes-vous content? s'informa mon interlocuteur en me tendant le papier.

— Mon général, il faudrait être diablement difficile !... Il nous reste, maintenant, à justifier l'opinion flatteuse que vous voulez bien avoir de nous...

— C'est chose faite. On vous connaît. Ducrot vous aime beaucoup. Si quelqu'un vous moleste, adressez-vous à lui : il vous fera rendre justice.

. . . .

Quelques jours plus tard, — le 21 du même mois, — le général Ducrot ne nous oubliait point dans son rapport militaire sur l'affaire de la Jonchère, dont voici la conclusion :

« En résumé, le but a été atteint, c'est-à-dire que nous avons enlevé les premières positions de l'ennemi, que nous l'avons forcé à faire entrer en ligne des forces considérables qui, exposées au feu formidable de nos batteries d'artillerie pendant presque toute l'action, ont dû éprouver de grandes pertes ; le fait est d'ailleurs constaté par les récits de quelques prisonniers que nous avons pu ramener.

« Mais ce que je me plais surtout à reconnaître avec un sentiment de grande satisfaction, c'est l'excellente attitude des troupes : zouaves, gardes mobiles, infanterie de ligne, *francs-tireurs des Ternes*, tout le monde a fait son devoir. »

NOTE IV.

Le 1er novembre, le bataillon, — en tenue de campagne, — venait s'établir en bataille sur le boulevard Mac-Mahon, faisant face à l'hôtel de l'état-major du 5e secteur et appuyant sa droite à la rue Demours.

L'amiral du Quilio nous passait, alors, en revue, — revue de départ, — et nous faisait ses adieux en ces termes :

« Volontaires, mes amis, mes enfants,

« Je viens vous dire adieu, ou plutôt au revoir ! Vos preuves aujourd'hui sont faites : on vous sait braves, vous êtes choisis pour garder les avant-postes : votre valeur, votre discipline, vos sentiments patriotiques, vous rendent dignes de cet honneur ; sous la conduite de votre commandant, vous tiendrez, j'en ai la certitude, une des premières places dans l'histoire du siége de Paris.

« Défendre Paris, c'est défendre la France ! Que votre mot de ralliement choisi avec tant de cœur et d'esprit, soit et demeure également justifié; qu'on dise de Paris, qu'on dise de vous : NUL NE S'Y FROTTE!

« Partez donc, mes vœux vous accompagnent; la main de votre chef de bataillon que je serre en ce moment, c'est votre main à tous que je presse fraternellement. »

Quelques minutes plus tard, nous arrivions à la Porte-Maillot, et, à son tour, le général Ducrot nous adressait ces simples paroles :

« Je n'ai aucune recommandation à vous faire; je vous connais : vous ferez votre devoir! Installez-vous de votre mieux, j'irai vous voir bientôt! Adieu, commandant; vous commandez à de braves gens; je prendrai soin d'eux; un de mes officiers d'ordonnance va vous accompagner!... »

NOTE V.

La position de Nanterre n'était pas sans importance stratégique. Les lignes que nous avions à défendre s'étendaient de la fabrique d'aluminium du sieur P. Morin à la redoute du Moulin-Gibet, en avant du Mont-Valérien. Nos postes avancés étaient placés sur la route n° 13, à trois cents mètres du *Rond-du-Roi*, rue des Vignes et à la station du chemin de fer. Pour nous

10

garer d'un coup de main, une barricade avait été construite à l'entrée du bourg, route de Saint-Germain, — une autre sur la route de Rueil, — une troisième, enfin, rue des Vignes, — toutes reliées entre elles par des brèches pratiquées dans les murs des propriétés. Ces murs avaient, en outre, été crénelés sur tous les points où une attaque pouvait se produire. Mais nous ne restions pas à l'abri de ces fortifications. Chaque jour amenait une expédition au dehors. C'est ainsi qu'un soir, vers onze heures, nous recevions un télégramme ainsi conçu :

« Mont-Valérien, 22 novembre.

« Général Noël au commandant des Tirailleurs des Ternes.

« Fournissez à M. Raymond les hommes demandés en exécution des ordres du chef d'état-major général. »

Un ingénieur supérieur des télégraphes avait été chargé de faire sauter ce qui restait du pont de Bezons : une seule arche de notre côté ayant été détruite par l'explosion de la première mine, une passerelle jetée sur cette étroite solution de continuité pouvait facilement donner accès dans nos lignes. Il s'agissait donc d'aller, par une nuit obscure, placer une torpille sous la culée de la rive opposée, occupée par l'ennemi. Cette mission périlleuse avait été confiée à une équipe de marins de choix. A tout prix, il fallait éviter d'éveiller l'attention des factionnaires bavarois embusqués sur le pont et au bord de la Seine. Quatre-vingts de nos volontaires devaient protéger le travail. Leur consigne était celle-ci :

« Demeurer à plat ventre pendant l'opération, — garder un silence absolu, — ne pas répondre au feu des Allemands, si ceux-ci s'avisaient de tirer, — n'emporter, enfin, avec soi ni sac, ni manteau, ni couverture, de façon à rester libre et maître de ses mouvements. »

Cette nuit-là, il gelait à pierre fendre.

L'opération dura quatre heures.

Quatre heures, nos tirailleurs restèrent collés à la neige durcie! Ils s'étaient glissés à leur poste en rampant; ils se retirèrent en rampant. Rien n'avait pu faire soupçonner leur présence aux assiégeants.

Le capitaine Giraudier commandait cette pénible et honorable expédition.

NOTE VI.

Une autre fois, toujours à Nanterre, comme je veillais au bureau de l'état-major, un planton m'apporta — vers minuit — une dépêche pour le commandant. Je la lui remis sur-le-champ. Après en avoir pris connaissance :

— Avertissez l'adjudant, me dit-il, en grand'hâte. Les officiers de tous grades chez moi dans vingt minutes. Prévenir dans les compagnies : que le café soit prêt dans une demi-heure. Dans trois quarts d'heure, tout le monde sous les armes sans exception.

Les officiers réunis :

— Messieurs, fit M. de Vertus, je reçois l'ordre d'occuper Rueil pour couvrir et protéger le passage d'une colonne d'artillerie qui doit assurer la construction d'un pont à l'Ile-du-Chiard. Si l'ennemi a quelques soupçons de ce projet, il tentera de s'y opposer en coupant les troupes engagées de leur base d'opérations. Il est donc certain qu'il s'avancera par Rueil. C'est seulement en nous enlevant cette position qu'il peut isoler nos canons et, par suite, les confisquer à son profit... — Nous sommes peu nombreux, mais la mission qui nous est confiée est trop honorable pour que je songe à la partager avec qui que ce soit. En conséquence, attendez-vous à combattre seuls. L'effort des Allemands sera peut-être sérieux. Prouvons-leur à tout prix que la *Branche de Houx* ne ment pas à sa devise : *Qui s'y frotte s'y pique!...*

A deux heures, nous partions...

A trois, le général Noël nous mandait par le télégraphe :

« Mont-Valérien, 21 décembre,
3 h. 30 m. du matin.

« Êtes-vous en position ? Le point que vous êtes chargés de défendre est excessivement important. Il faut y tenir. Mettez-vous en communication avec les troupes qui opèrent à la station de Rueil. Un bataillon de mobiles s'établira à la *Boule-du-Roi*. Si vous en aviez besoin, il vous enverrait du renfort. »

Nous étions en position...

Mais l'ennemi ne bougea pas...

Notre artillerie, — une batterie de mitrailleuses, — put se rendre au point indiqué, sans que le calme le plus complet ne cessât de régner dans les lignes allemandes...

Et nous ralliâmes nos cantonnements à trois heures du soir, sur l'ordre du colonel Bascher, ne remportant qu'un seul blessé : une sentinelle avancée, qui, de son chef, s'était aventurée, vers midi, près du poste de l'octroi, et qui avait été touchée au mollet.

Déjà, dans les premiers jours du mois, nous avions appuyé une *démonstration* sur l'Ile-du-Chiard. Un officier supérieur du génie y eut la mâchoire fracassée, et le capitaine Haas, des francs-tireurs de Paris, y fut tué d'une balle au front. Nous n'y perdîmes qu'un volontaire, d'un projectile dans le ventre.

Ajouterai-je qu'en dehors de ces prises d'armes officielles, c'étaient, toutes les nuits, des entreprises particulières sous la conduite, à tour de rôle, de chacun de nos officiers, de l'intrépide adjudant Bardet ou du rusé sergent Amyot?

Amyot, avec sa haute stature, sa charpente osseuse son rire silencieux et sa longue barbe rousse mêlée de flammèches grises, me rappelait Chingakoock ou Bas-de-Cuir. Il chassait au Prussien avec des stratagèmes dignes d'un trappeur ou d'un Pawnie en quête d'un daim ou d'un bison. Le légendaire sergent Hoff avait chez nous son pendant.

NOTE VII.

Nous avions pris position à Suresnes le 27 décembre. De ce moment, le jour, la nuit, à toutes les heures, par tous les temps, nos patrouilles et nos reconnaissances n'avaient cessé de relancer l'ennemi dans Saint-Cloud, sans éprouver la joie de le voir une seule fois nous résister à découvert. Abrité, enfoui, introuvable, toujours sur ses gardes et le plus souvent prévenu par ses espions de toute espèce, — il a été parlé du chien de M. X... — il nous attendait patiemment et ne nous épargnait point le plomb; mais c'était au *jugé* qu'il fallait le tirer, et, jamais, aucune tentative de sa part ne vint troubler nos rares instants de tranquillité et de sommeil.

Il nous arriva, cependant, de mettre sa vigilance en défaut.

C'est ainsi que, le 5 janvier, le lieutenant Hénault parvint à se glisser jusqu'à la place de l'église.

Il était là, — devançant d'une trentaine de pas les hommes qui l'accompagnaient, — lorsque, soudain, un Allemand sort d'une maison voisine, en riant aux éclats, un verre d'une main et une bouteille de l'autre...

La vue de notre officier lui coupe le rire aux lèvres. Il demeure médusé. La bouteille et le verre s'échappent de ses mains et se brisent avec fracas sur le pavé...

A ce bruit, ses camarades s'élancent de leur poste...

pour se réfugier dans un bâtiment en construction sur lequel flotte le drapeau d'une ambulance américaine...

Cependant, d'un coup de sifflet, le lieutenant Hénault a rallié ses hommes. On ouvre le feu. Trois Allemands, qui traversent la rue, sont touchés. D'autres ripostent des fenêtres. L'alarme est donnée. Nos francs-tireurs ont toute la garnison de Saint-Cloud sur les bras. Le volontaire Handzicker reçoit une balle dans l'épaule.

« Ma mission étant remplie, écrit l'officier dans son rapport, je donnai l'ordre de la retraite en faisant passer mes compagnons derrière moi et en leur enjoignant de tirer dans le tas. »

Le lendemain, une patrouille, commandée par le sergent Couturier, pénétra jusqu'à l'embranchement de la rue du Calvaire et de la route de Garches, et tua et blessa plusieurs hommes à l'ennemi.

NOTE VIII.

On lit dans un récit de la *Journée du 19 janvier* écrit par un témoin oculaire *allemand* :

« Vers six heures et demie, au moment où la patrouille réglementaire prenait les armes, le fort Valérien, qui était resté muet durant toute la nuit, tira une bordée, immédiatement suivie de trois fusées tricolores Ce signal nous mit en alerte. Malgré l'obscurité, je vis à droite de la redoute de Montretout des masses noires descendre rapidement les pentes et s'élancer vers Saint-Cloud et sur la redoute. Notre avant-poste, retranché à Montretout, se composait de quarante chasseurs n° 2, commandés par le lieutenant von Kauflingen, auxquels furent immédiatement adjoints quatre-vingts hommes du régiment 58 de Posen. Le gros de la colonne française tourna la redoute et s'élança vers les maisons du haut de Saint-Cloud, que défendait en se repliant le bataillon de chasseurs n° 2, capitaine von Stranz. — J'arrivai au moment critique où un peloton de francs-tireurs (vert et bleu avec des chapeaux mousquetaires) et un bataillon de mobiles (commandant Lareinty, fait prisonnier plus tard), pénétraient dans la rue de la Guette que mes fusiliers occupaient. Les Français étaient à dix pas quand je donnai l'ordre : *Feu*, et une meurtrière décharge arrêta net les assaillants. Ramenés au feu par leurs chefs, les Français chargèrent, et je vis mes fusiliers se replier devant les francs-tireurs, les mobiles et un garde national qui, *seul,* avait suivi l'élan donné. »

Un autre écrivain de la même nation, Hermann Robolski, — *le Siége de Paris, raconté par un Prussien, traduction W. Filippi,* — constate ceci, à la page 319 de son livre :

« Le bataillon des Tirailleurs des Ternes, — francs-tireurs au chapeau orné d'une branche de houx, — subit à l'assaut d'une barricade de Montretout des pertes terribles. »

NOTE IX.

Dès notre installation à Nanterre, le commandant de Vertus écrivait, dans un rapport au général Noël :

« Les reconnaissances, patrouilles ou embuscades, qui, toutes les nuits, opèrent dans Rueil et ses environs, se plaignent de la quantité de chiens errants ou autres dont les aboiements furieux décèlent notre présence à l'ennemi et lui signalent nos mouvements. Il est bien difficile de tuer ces animaux ou d'empêcher leurs hurlements sans le concours des habitants et de l'autorité du pays. Quelles mesures dois-je prendre à cet égard ? »

Le commandant dénonçait, en même temps, au général le va-et-vient perpétuel — entre Paris, Rueil et les lignes prussiennes — d'individus affublés du brassard des ambulances, de femmes et d'enfants isolés et de voitures de toute espèce dont les conducteurs se prétendaient autorisés à circuler *pour leurs affaires* par « l'administration municipale » ou par quelque fonctionnaire civil approchant plus ou moins des gros bonnets du gouvernement. Le général répondit :

« Nul ne peut aller à Rueil sans une autorisation toute exceptionnelle, spécifiée sur un laisser-passer délivré par le gouverneur ou par l'autorité militaire supérieure. Les sentinelles doivent faire feu sur quiconque cherche à forcer ou à dépasser les lignes des avant-postes. »

Oh ! ces laisser-passer *signés du gouverneur !*. .

Ceux qui les dispensaient, à Paris, avec une si incroyable légèreté, savaient-ils bien à qui et pour quoi ils les donnaient ?

Et pouvions-nous, nous-mêmes, être fixés sur leur valeur, lorsque les ordres les plus contradictoires nous parvenaient journellement à l'endroit de leurs porteurs ?

Un matin, par exemple, l'état-major nous lavait la tête par dépêche :

« Mont-Valérien, 27 novembre, 7 h. 15 m. du matin.

« Vous avez commis une forte méprise en faisant arrêter les sieur L... et J... Leurs papiers étaient parfaitement en règle *avec signature du gouverneur.* »

Et, un autre jour, on nous télégraphiait :

« Mont-Valérien, 11 décembre, 4 h. 5 m. du soir.

« Faites arrêter à leur passage à Nanterre les nommés N... et B... venant de Rueil et retournant à Paris, *bien qu'ils aient un laisser-passer signé du gouverneur.* »

J'ai dit que la plus incroyable légèreté présidait à la distribution de ces laisser-passer, — du moins en ce qui concernait la partie ouest de la banlieue de Paris...

Je le prouve :

Une dame C... recevait, toutes les nuits, dans sa propriété de Rueil, des Prussiens... et des femmes.

Courbevoie, en effet, était pavé de *petits ménages.*

Des demoiselles de mœurs douces ne dédaignaient point d'y venir, du boulevard, grignoter un *moblot qui avait le sac*, — pas celui de l'équipement.

Le *moblot* rongé, ces créatures poussaient jusqu'à Rueil, où elles étaient sûres de trouver, dans les salons de la dame C..., du champagne et des thalers à profusion.

Un dimanche, une voiture se présente à notre garde de police, et le conducteur remet au chef de poste un bout de papier dont je copie textuellement la teneur :

« *Veuillez laisser passer une charrette de fourrages à mon adresse avec les trois personnes qu'elle emmène.*

« *Paris, ce 17 novembre 1870.*

« GARNIER PAGÈS. »

La dame C... était une de ces trois personnes.

NOTE X.

Dans le courant de novembre, à la suite d'un engagement sans importance, dans lequel nous eûmes, cependant, cinq volontaires blessés, — dont un mortellement, — le caporal Levasseur passait, dans Rueil, à la hauteur du chemin de fer américain, en face de l'établissement d'un sieur L..., marchand de vin, quand il essuya un coup de feu dont le projectile, après lui avoir rasé le col, alla s'enfoncer dans un mur.

Ce coup avait été tiré de haut en bas. Il partait d'une fenêtre. Une enquête fut ouverte à ce sujet. Elle révéla les faits suivants :

Le sieur L... interrogé avoua avoir reçu des Prussiens au début de l'investissement. Toutefois, il protesta de son innocence à l'endroit de la tentative de meurtre commise sur la personne du caporal Levasseur, et en rejeta bruyamment la responsabilité sur ses voisins. « On avait pu, prétendait-il, s'introduire chez lui à son insu. » Les voisins, au contraire, affirmaient que les clefs de son domicile n'avaient jamais quitté les poches de cet homme, et aucune trace d'escalade ni d'effraction ne fut remarquée dans la maison.

Cette maison avait une sortie qui donnait sur les champs, du côté de la gare.

Une arrière-salle, entièrement séparée de la salle de débit, communiquait avec une cour dans laquelle s'ouvrait cette sortie.

Le jour où le coup de feu fut tiré, une table de huit couverts était dressée dans cette arrière-salle.

L... ne put expliquer pour qui elle avait été préparée.

L'établissement était, du reste, rempli de provisions de toute espèce, qui, d'après les termes de l'enquête, semblaient attendre des convives. On constata, en outre, dans toutes les chambres, un véritable monceau de blouses, de pantalons, de paletots qui paraissaient avoir été endossés récemment. Pourtant, le sieur L... n'avait point de locataires. Il habitait seul son immeuble, et les trois quarts de ces effets ne convenaient point à sa taille.

Comment, sur d'aussi graves présomptions, cet homme ne fut-il pas arrêté ?

Un mois auparavant, le sergent Moreau, embusqué avec quelques volontaires chez un autre marchand de Rueil, dont il avait occupé de force la boutique, avait surpris, une nuit, une patrouille prussienne en train de gratter à la porte de cette boutique. L'officier qui commandait cette patrouille fut tué à bout portant par les nôtres. Son sabre, son revolver et ses papiers furent rapportés à Paris et remis au général Ducrot.

NOTE XI.

Télégrammes adressés au commandant de Vertus par M. le général Noël, dans la journée du 20 janvier, touchant M. de Lareinty :

Numéro 1.

« Mont-Valérien. 6 h. 30 m. du matin.

« Avez-vous nouvelles du commandant de Lareinty ? Répondez. »

Numéro 2.

« Mont-Valérien, 8 h. 25 m. du matin.

« Tâchez, par tous les moyens possibles, de savoir ce qu'est devenu le commandant de Lareinty. Avez-vous fait demander à Puteaux si, par hasard, il n'était pas rentré ? Avez-vous entendu une forte fusillade ? »

Numéro 3.

« Mont-Valérien, 3 h. 55 m. du soir.

« Qu'est-ce que le sergent Huguenin ? Tâchez de le retrouver, et envoyez-le-moi au fort. Télégraphiez-moi tous les renseignements que vous pourrez recueillir sur M. de Lareinty. »

Le sergent Huguenin était le sous-officier des mobiles qui avait accompagné l'aumônier dont il a été question.

NOTE XII.

Voici comment M. le général Vinoy s'exprime sur cet incident :

« ... Seulement à quatre heures vingt-cinq minutes

du soir, le général en chef de la troisième armée recevait du général Noël une dépêche qui l'informait que le bataillon des mobiles de la Loire-Inférieure, sous les ordres du commandant de Lareinty, était demeuré dans la maison Zimmermann, où l'ennemi l'avait cerné... Il était alors bien tard pour essayer de le dégager. Le général en chef voulut, cependant, qu'un effort sérieux fût fait, la nuit suivante, pour tenter de le délivrer. *Il appela à lui les francs-tireurs dits chasseurs des Ternes, à qui le pays était connu et qui paraissaient remplis de bonne volonté*, et il leur prescrivit de se joindre à quelques bataillons de la division Courty. Ces troupes devaient pousser à tout prix jusqu'à la maison Zimmermann leur petite expédition. A ce moment, le général Noël, qui avait d'abord demandé avec instance que cette opération eût lieu, écrivit au commandant de la troisième armée une lettre dans laquelle, revenant sur son opinion, il exprimait l'avis que cette tentative était bien délicate avec un ennemi sur ses gardes, — dans un terrain aussi accidenté, — la nuit, — avec Montretout sur sa droite.

« Les ordres donnés pour la reconnaissance furent néanmoins maintenus, et le général Noël en reçut lui-même le commandement. Mais de nouveaux renseignements, apportés alors par un brancardier qui avait suivi le bataillon, firent connaître que, n'ayant plus de vivres ni de munitions, le commandant de Lareinty avait été obligé de se rendre. L'ennemi avait fait là, d'un seul coup, plus de trois cents prisonni.rs. » (*Opérations de la troisième armée, siége de Paris*, pages 420 et 421.)

NOTE XIII.

Cette dépêche enjoignait à l'officier commandant la Fouilleuse de remettre immédiatement cette position aux Allemands. Le matin, à Suresnes, on nous avait lu, à l'appel, cet *ordre* du général Noël :

« La reddition du Mont-Valérien et l'évacuation des postes environnants s'opérera dans la journée du 29 janvier. Le général espère qu'au milieu de ce deuil public, l'attitude des troupes sera digne. Personne ne ressent plus vivement que lui l'humiliation à laquelle nous sommes condamnés. C'est le rouge de la honte au front et la rage au cœur qu'il abandonne cette forteresse qu'il était sûr de bien défendre avec les braves qu'il commandait. »

Le même jour, de retour à Paris, nous signions, dans nos baraquements de Chaillot, la pièce suivante qui fut envoyée aux journaux :

« Les officiers, sous-officiers et volontaires du bataillon des Tirailleurs des Ternes protestent énergiquement contre la capitulation. Ils s'associent aux sentiments exprimés par les officiers d'état-major du VIe secteur. Prêts à mourir pour la patrie, les francs-tireurs *à la branche de houx* n'avaient jamais pensé qu'on pût leur ordonner de mettre bas les armes. Ils refusent de les déposer. »

On ne les déposa pas devant l'ennemi...

Mais il fallut les rendre à l'administration...

Ici me vient — naturellement — à la plume une réflexion que chacun a dû faire avec moi :

Si, pendant la guerre, les corps-francs n'inspirèrent à nos ennemis que l'ironique et dédaigneuse pitié avec laquelle M. de Moltke affecta d'en parler plus tard, pourquoi l'Allemagne victorieuse imposa-t-elle, comme préliminaire indispensable de l'armistice, le licenciement de ces corps ?

Ah ! c'est que, — comme l'explique M. Paul de Jouvencel dans un volume qui défend si patriotiquement *la petite guerre*, — *Récits du temps*, *conclusion*, page 426, — c'est que les chefs allemands en étaient arrivés à la plus violente animosité contre ces courageux tirailleurs qui leur infligeaient des pertes directes. Aussi, pour que le grand rôle futur de cette milice à ses débuts restât marqué d'un signe historique non douteux, MM. de Bismarck et de Moltke exigèrent-ils ce licenciement comme ils avaient réclamé le désarmement de Paris et l'occupation de Belfort. Il semblait que ce fût une condition préalable d'une importance égale à leurs yeux.

NOTE XIV.

L'abbé Chessé, — actuellement vicaire à Ivry et aumônier militaire du fort, — fit, pendant toute la campagne, preuve d'un dévouement et d'une abnégation sans pareils. Sa piété profonde, qui savait *s'humaniser* selon les gens et les circonstances, n'effaroucha jamais personne. Son esprit élevé et tolérant, son caractère sympathique, son abord tout empreint d'expansion cordiale lui avaient conquis tout le monde. Il n'est pas un de nos camarades qui ait repoussé les secours de son ministère. L'abbé, du reste, prêchait d'exemple ; il allait au feu comme au prône, et ne prêtait pas plus d'attention aux balles qui *psittaient* à ses oreilles qu'aux jurons énergiques ni aux chansons grivoises qui nous échappaient, parfois, en sa présence. Grand, mince, pâle, élégant, distingué, il portait comme un Aramis l'uniforme du franc-tireur, — ce qui ne l'empêchait pas d'être fort éloquent en chaire et plein d'onction au chevet de nos malades et de nos blessés.

NOTE XV.

Comme je terminais ce volume, le capitaine Catalan est mort. Après plus de cinq ans de souffrances héroïquement supportées, ce vétéran a succombé aux accidents déterminés par la blessure reçue à Montretout, et sur le morceau de serge noire qui recouvrait son humble bière de sapin ne brillait guère que la médaille militaire,

— *économique* récompense des prolétaires de l'armée.

Engagé à dix-huit ans; maréchal-des-logis aux chasseurs d'Afrique, puis aux spahis; porte-guidon du duc d'Orléans à Constantine, du duc d'Aumale aux Portes-de-Fer et du *père* Bugeaud à Isly, Pierre-Honoré Catalan avait pris sa retraite comme adjudant de place, — après *trente* années de services et *cinquante-deux* campagnes, — lorsque la guerre de 1870 vint lui remettre le sabre au poing.

Notre bataillon le nomma — par acclamation — capitaine à la première compagnie.

Il me semble le voir encore : sec, basané, bourru, farouche, — avec son sourcil froncé en accent circonflexe sur sa prunelle flamboyante et sa moustache grise, hérissée de jurons...

Au demeurant, le meilleur fils du monde. Par exemple, il fallait marcher droit avec lui. Les fricoteurs et les traînards, ceux qui boudaient à la corvée, à la discipline ou au feu, n'avaient pas beau jeu sous ses ordres...

Je me rappelle qu'un jour, le commandant l'invita à dîner...

Au dessert, *la commandante*, — il y avait *une commandante*, — lui demanda, avec son geste, son sourire les plus engageants :

— Capitaine, vous offrirai-je de la gelée de groseilles ?

Catalan se mit à rouler des yeux féroces...

Et, d'une voix qui fit l'effet d'un obus à travers les vitres :

— Tonnerre de Dieu ! madame, est-ce que j'ai *la trompette* d'un homme qui mange des confitures ?

Eh bien, ce grognard, ce Chauvin, ce Prudhomme, avait des raffinements de témérité chevaleresque dignes des Mousquetaires, au bastion Saint-Gervais, et du comte de Hauteroche à Fontenoy.

Au début de l'investissement, on l'envoie pousser une reconnaissance aux environs du fort d'Issy...

Il arrive à plat ventre, — avec ses hommes, — à dix mètres de l'ennemi...

Celui-ci ne bouge pas, fidèle à ses habitudes de prudence...

Catalan, ennuyé, se lève brusquement...

Il ôte son chapeau, et apostrophant les Allemands :

— Allons, messieurs, quand vous voudrez ?.. Nous attendons... A vous l'honneur!...

Une effroyable décharge riposte à cette bravade. Le capitaine disparaît dans la fumée. On le croit tué...

Pas une balle ne l'a touché !..

— Vous voyez bien, crie-t-il à ses compagnons, que ces animaux-là ne savent pas tirer ! En avant ! A la baïonnette!...

Une autre fois, — le 19 octobre, — à l'affaire de la Jonchère, — Catalan et sa compagnie étaient placés devant une batterie de mitrailleuses que le feu de l'ennemi avait pris pour objectif.

— Couchez-vous, ordonne le capitaine à ses hommes.

Ceux-ci obéissent. Puis, voyant que leur chef reste debout :

— Eh ! capitaine, faites comme nous!... Couchez-vous !... Il y a du danger...

— Du danger!... Ah! oui, pour mon fourreau de sabre qui pourrait bien être bossué... Mais bah ! j'en ai un de rechange à la maison !...

Et il continue de se promener en roulant une cigarette...

NOTE XVI.

Le capitaine de Junnemann s'était particulièrement distingué, le 8 octobre, dans une reconnaissance opérée par le général Ducrot.

Il s'agissait de s'assurer si l'ennemi occupait en force la Malmaison et s'y était retranché de manière à pouvoir nous entraver.

Le général avait demandé au bataillon des Tirailleurs des Ternes des hommes de bonne volonté pour lui servir d'éclaireurs.

A neuf heures du matin, la deuxième compagnie, — dont je faisais alors partie, — était rendue à la porte Maillot, en face du restaurant Gillet, où le commandant en chef du 14e corps avait établi ses quartiers. Nous étions sous les ordres directs du capitaine de Junnemann et du sous-lieutenant Audoyer. Quelques instants après, nous prenions notre place en tête de la colonne que dirigeait en personne le général Ducrot, et, après avoir traversé Nanterre et Rueil, nous nous portions résolûment en avant de cette dernière localité.

Arrivé sous les murs du parc de la Malmaison, le général Ducrot faisait appeler le capitaine de Junnemann et lui donnait les instructions suivantes :

« Ce mur va être pétardé. Aussitôt que la mine aura joué, foncez!... A la baïonnette ! .. C'est une mission d'honneur que je confie à la bravoure et au patriotisme de vos volontaires... »

Cinq minutes plus tard, l'aide de camp du général mettait lui-même le feu à la mèche de la mine ; l'explosion éventrait les murailles, et les tirailleurs, — la baïonnette en avant, — se précipitaient par la brèche, avec un élan et une vigueur irrésistibles. En un moment, la Malmaison était fouillée des caves aux combles, et la garnison allemande qu'elle abritait, épouvantée de la soudaineté de l'attaque autant que de son ensemble, se dispersait dans la campagne.

Le capitaine et le sous-lieutenant furent vivement félicités par le général de la façon énergique dont ils avaient enlevé leurs hommes et de l'entrain déployé par ceux-ci. Le lendemain, le commandant en chef du 14e corps citait avec éloges la conduite du bataillon des Ternes dans son rapport au gouverneur de Paris. Ce rapport faisait nominativement mention, outre MM. de Junnemann et Audoyer, des volontaires Legrand et Blanchin, de Dormans.

NOTE XVII.

Excellent instructeur, habile, zélé, infatigable, le capitaine Darbonnens contribua plus que personne à l'organisation du bataillon. L'état-major eut plus d'une fois à louer son esprit d'initiative et de prudence. Je transcrirai notamment ici *l'ordre du jour* suivant du général Noël :

« Mont-Valérien, 19 décembre.

« Le général complimente le capitaine Darbonnens sur sa reconnaissance d'hier. Cet officier a fait preuve de beaucoup de hardiesse, et, en empêchant ses hommes de répondre un seul coup de fusil à tous les coups de feu tirés par l'ennemi, a donné un exemple que l'on ne saurait trop suivre. »

MODÈLES.

1° COMMISSION D'OFFICIER

RÉPUBLIQUE FRANÇAISE

Ministère de la guerre. — Armée de Paris.

Gouvernement de la Défense nationale.

Le Ministre de la guerre,

En exécution du décret du 11 octobre 1870, autorise le sieur Hénault (Henri) à exercer les fonctions de lieutenant dans le corps-franc dit : *Tirailleurs-Éclaireurs des Ternes* (2e compagnie).

Cette lettre lui servira de titre dans l'exercice de ses fonctions.

Paris, le 11 novembre 1870

Général LE FLO.

Le major-commandant :
DE VERTUS.
L'intendant militaire :
RAISON.

Pour ampliation :
Le directeur
de l'infanterie et de la garde nationale mobile,
DE COLSON.

2° CARTE DE FRANC-TIREUR.

GOUVERNEMENT DE PARIS.

Le nommé fait partie du corps des *Tirailleurs-Éclaireurs des Ternes*. Il est commissionné en qualité de pour la défense nationale.

Paris, le 15 septembre 1870.

Le président du gouvernement
de la Défense nationale,

Par ordre, le général chef d'état-major général,

SCHMITT.

TABLE

FIN DE LA TABLE.

IMPRIMERIE D. BARDIN, A SAINT-GERMAIN.

www.ingramcontent.com/pod-product-compliance
Ingram Content Group UK Ltd.
Pitfield, Milton Keynes, MK11 3LW, UK
UKHW012036240726
13965UKWH00003B/830

9 782013 054881